数/学/家/传/奇/丛/书
主编：杜瑞芝

电脑先驱——图灵

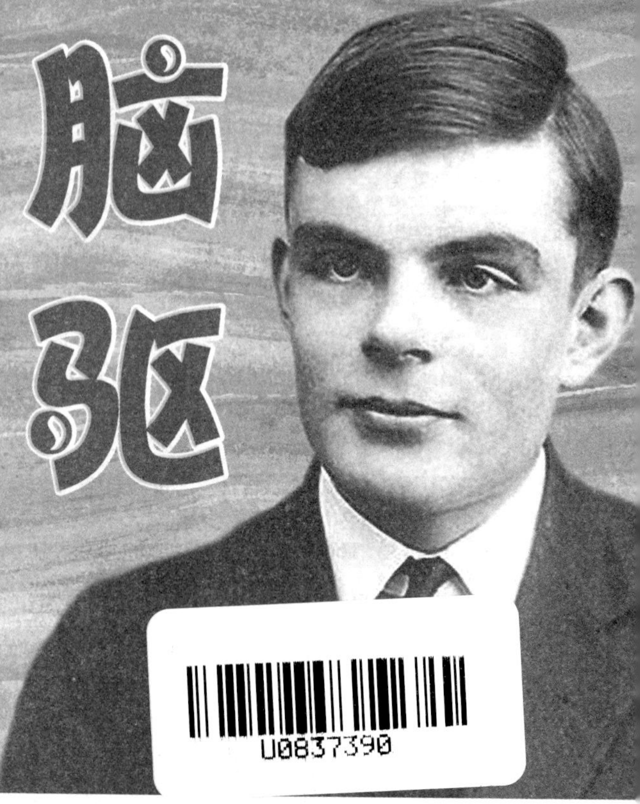

孙宏安 ◇ 著

哈爾濱工業大學出版社
HARBIN INSTITUTE OF TECHNOLOGY PRESS

内容简介

本书主要讲述了英国著名数学家、逻辑学家，被称为计算机之父的阿兰·图灵传奇的一生。图灵是计算机逻辑的奠基者，提出了"图灵机"和"图灵测试"等重要概念。为纪念他在计算机领域的卓越贡献，设立了被誉为计算机科学界诺贝尔奖的图灵奖。

本书史料翔实，写得深入浅出，通俗易懂，可供广大青年及对数学史感兴趣的读者阅读。

图书在版编目(CIP)数据

电脑先驱——图灵/孙宏安著. —哈尔滨：哈尔滨工业大学出版社，2018.2(2020.9重印)
(数学家传奇丛书)
ISBN 978-7-5603-6953-2

Ⅰ.①电… Ⅱ.①孙… Ⅲ.①图灵(Turing, Alan Mathison 1912—1954)-传记
Ⅳ.①K835.166.11

中国版本图书馆 CIP 数据核字(2017)第 224415 号

策划编辑　刘培杰　张永芹
责任编辑　张永芹　丁浩洋
封面设计　孙茵艾
出版发行　哈尔滨工业大学出版社
社　　址　哈尔滨市南岗区复华四道街 10 号　邮编 150006
传　　真　0451-86414749
网　　址　http://hitpress.hit.edu.cn
印　　刷　北京兴星伟业印刷有限公司
开　　本　787mm×960mm　1/32　印张 9.25　字数 137 千字
版　　次　2018 年 2 月第 1 版　2020 年 9 月第 3 次印刷
书　　号　ISBN 978-7-5603-6953-2
定　　价　58.00 元

序　言

我与杜瑞芝教授是多年的朋友。她受教于梁宗巨先生，专长为世界数学史研究，著作多多。她主编的一本《数学史辞典》，是我常用的工具书。进入新世纪，我们陆续退休，联系就少了。不久前，她打电话到我在上海苏州河畔的寓所，邀我为她主编的《数学家传奇丛书》(新版)作序。老友相托，深感荣幸。

数学，是人类文明的火车头。人类文明的第一个高峰是希腊文明。从泰勒斯、毕达哥拉斯到欧几里得，数学理性文明大放异彩。柏拉图学园的门口“不懂几何学者不得入内”的告示，彰显了数学文明的地位。欧几里得的《几何原本》是仅次于《圣经》的印刷量最大的欧洲出版物。我国把徐光启和利玛窦翻译的《几何原本》作为近代理性文明的开始。人类文明的第二个高峰，是以牛顿为代表的数学和物理学所开辟的科学黄金时代。接着，电磁学方程、热力学方程、流体力学方程、拉普拉斯方程书写了第三个现代文明，而爱因斯坦方程的基础则是黎曼几何。开启今日信息时代文明的仍然是一群数学家，其中有提出电子计算机结构方案的冯·诺依曼，信息论的创始人尚农，控制论的奠基人维纳等。展望未来，人类文明正在迈入"大数据、互联网、人工智能"的新时代，数学在其中依然起着引领的作用。未来的人类社会，许多体力和脑力工作都将被机器人所承担，但是数学智慧是机器人不可能全部掌握的。数学将越来越引人瞩目。

我在这里写数学之重要，是希望争取更多的读者，共同追寻数学的踪迹，研读数学家传记，汲取数学家人生的智慧经验，以迎接新时代的到来。在这套丛书里，展现了数学历史长河上一段又一段美妙的风景。丛书用 9 个数学家的传记，打开了从 19 世纪到 20 世纪数学发展的绚丽篇章。这些数学家的故事都是永恒难忘的经典，读后或令人掩卷深思，或令人拍案叫绝。总之，那会是一次领略数学智慧的阅读之旅。

康托尔的故事感人至深。他孤身一人，撞开了无限王国的大门。他给无限依大小排序，提出了基数论与序数论。那时，不但无人喝彩，倒招来一些非议。例如，无限集合中的部分可以等于全体，与常识相违。罗素提出的集合论悖论，让数学的天空布满乌云。“一切集合构成的集合”让人困惑不解。康托尔承受了重大的精神压力，抑郁大半生。但是，真理终于战胜了疑虑。时至今日，集合论的语言已经渗入到几乎所有的学科，包括中学相关学科。康托尔是人类精神世界里的战士、英雄和伟人，世人将会永远纪念他。

给我留下难忘印象的还有维纳的故事。这位控制论的奠基人，是一位神童。也许是因为思维过于敏捷，表述跟不上思维的速度，因而他讲课别人实在听不懂，不受欢迎。我醉心于他的是“反馈”概念的提出。原来他观察人去捡落在地上的铅笔，过程是脑指挥手接近铅笔，眼睛观察手与铅笔的距离和方向，并将数据反馈给大脑，大脑据此做出下一步给手的指令。反馈的概念，就这样成了控制论的基础。

如果说，康托尔的故事是告诉人们向未知进军需要巨大的勇气，那么维纳的故事则是教给人们如何获取科学灵感，展示科学智慧的来源。人物传记正是在“敢于”和“善于”向数学进军这样两个方面，用一些感人的细节给人以教育和启示。

数学史不能只局限于古代数学史，了解数学家也不能只局限于古代数学家。这套丛书除了有康托尔和维纳的传记之外，还包括了大家熟知的历史上最重要的数学家之一——高斯的传记。更令人瞩目的是收录了两位名垂青史的女数学家柯瓦列夫斯卡娅和埃米·诺特的传记：前者勇敢地与命运抗争，终于在男人称霸数坛的19世纪取得一席之地；后者大器晚成，一生专注数学，心无旁骛，以创立抽象代数学名垂数学史。本丛书还记录了两位命运坎坷的天才数学家阿贝尔和伽罗瓦，他们以短暂的生命为数学史留下了璀璨的光辉。还有以迷开始又以迷结束的电脑先驱图灵及游走全世界的、有“数学莫扎特”美称的数坛怪侠爱尔特希的传奇人生。

数学家传记出版得不是多了,而是少了。君不见,清华附小的小学生用大数据的排序算法,分析了苏轼诗词中用字用词的规律。大数据时代的数学正在渗透到日常生活的方方面面。可以预料,数学家传记的读者群也会越来越大。

写了一些感想,权作为序言。

张奠宙

2017年10月

于沪上

原版序言

这是一套以传记文学形式介绍著名数学家生平的丛书。本来是要请家兄钱临照写个序言，他对科学史有研究，也热心支持科学家传记的写作，但是他已年逾九十，不便握笔写作。所以，他给我谈了些他的想法，勉励我代他写这个序言。

我对数学只有很肤浅的知识，但是我明白，数学这门学科对人类文明的发展实在是太重要了。在大多数学科里，一代人创造的或树立的东西，往往被下一代人所更新或推倒。只有数学，前人创造的成果都能为后人所用，而每一代人都是在以前的“建筑”上添砖加瓦。今天，像我们从事技术科学或工程建设的人，有谁能离开前人创造的数学知识呢？不仅如此，前辈数学家的治学精神、思维方法和奋斗经历对于从事科学技术工作的人来说，也是非常有教益的。

本丛书所展现的数学家，有的是开拓者，披荆斩棘，勇往直前；有的是继承发扬者，博采众长，继往开来。他们或少年早慧，头角峥嵘；或中年发愤，大器晚成；或天资聪颖，才华横溢；或天性鲁钝，以勤补拙；或步踏青云，皓首穷经；或屡遭坎坷，英年早逝；或生于名门，独树一帜；或出身贫寒，困苦玉成……总之，他们从不同侧面给我们以启迪、思考和奋发图强的力量。

本丛书的主编杜瑞芝教授是一位年富力强的数学史专业工作者，她在从事专业研究的同时，还有志于从事这种看似简单实则很不容易的数学史传播工作，是值得称道的。各分册的作者都是多年从事数学史和数学教育研究的高校教师。他们在研究数学家生平、学术贡献的基础上，注意探索数学家成才的因素、成功的契机，还特别记述了那些超出常人、能够动人心魄的事迹。各分册还配有数学家的肖像，以展示这些大师的精神风采。

本丛书具有较强的知识性、趣味性、可读性与普及性，对广大青年读者增长知识、开阔视野、陶冶情操，并立志献身科学是大有益处的。

1998 年 10 月

于大连

前　言

在数学发展的历史长河中，涌现出许多杰出的数学家。他们的发明创造是推动数学乃至科学技术发展的巨大动力，是人类文明的宝贵财富。没有数学家和广大人民群众的辛勤劳动，就不可能有今天高度发展的数学。然而，长期以来数学抽象的结构、艰涩的推理与枯燥复杂的算式，使得数学家好像与外界隔离开了。外界的人们，特别是年青的一代，觉得数学家是那样刻板而神秘，似乎远离尘世喧嚣。而数学家却很少受外界干扰，在数学王国里钻研得津津有味，自得其乐。著名数学家罗素（B. A. W. Russell，1872—1970）在学习欧氏几何时感慨道："我没想到世界上竟有如此有趣的东西。”数学大师陈省身说:“数学好玩。”可见学习和研究数学给他们带来了无穷的乐趣。这种数学家与外界相隔离的现象即使在数学高度发展、已几乎渗透到人类社会活动的一切领域的今天依然存在。

其实,数学家既是数学王国的主人,也是食人间烟火的凡人。怎样使人们走近数学家,了解他们的科学贡献、成长道路和个人品格,把数学家作为一个个活生生的、有血有肉的人,展现在读者面前,这应该是数学史家与数学教育工作者的任务。

经过认真的思考和多方的努力,我们尝试建立一条连通科学、历史与文学三者的纽带。在20世纪末,我们在哈尔滨出版社的支持下试图推出一套传记文学形式的《中外数学家传奇丛书》,以宣传数学家的事迹,激励年青一代投身科学。但是由于某些困难,仅在该社出版了三位中国数学家的传记,其余八位外国数学家的传记由山东教育出版社陆续出版,定名为《数学家传奇丛书》。该丛书问世后,颇受广大读者,特别是青年读者的欢迎,并很快售罄。为进一步满足广大读者的需要,同时也为传播数学文化做出新贡献，哈尔滨工业大学出版社决定推出新版《数学家传奇丛书》。新版除了对原丛书各分册做了适当的补充与修订外，又增加了《抽象代数之母——埃米·诺特》一册。

编写《数学家传奇丛书》是一种尝试，在国内还不多见。因此，难免会有这样或那样的不足，希望广大读者批评指正。同时，我们也十分热切地希望这项工作能得到广大数学工作者和科普工作者的关心和支持。让我们携起手来，为繁荣我国的数学事业，提高全民族科学文化素质而努力工作。

在新版丛书出版之际，我首先要特别感谢先师梁宗巨先生(1924—1995)。我于20世纪70年代末成为梁先生最早的研究生之一，是他引领我走上学习和研究数学史的道路，他严谨的治学态度始终影响着我。今年是先师去世22周年，愿以这套丛书聊表追思情怀。

原丛书的写作与出版曾得到中国数学会数学传播工作委员会以及中科院两位资深院士钱临照和钱令希的支持与帮助。钱令希先生在百忙之中亲笔为丛书作序，他关于数学科学的精辟见解，对于每一个数学工作者来说,都是一种激励。

新版丛书,很荣幸地请到了中国数学家、数学史家、数学教育名家张奠宙先生作序,令人感动和鼓舞。先生十分重视数学史知识的普及和数学文化的传播,他对数学重要性的阐述给了我们很大的启迪,在此对张奠宙先生表示衷心的感谢。

还要感谢哈尔滨工业大学出版社副社长刘培杰先生和编辑室主任张永芹同志的积极策划和鼎力支持,同时感谢为丛书付出大量辛勤劳动的各位编辑同志。

杜瑞芝

2017 年 10 月

于大连

目　录

楔　　子

清晨,安特卫普空军机场。

太阳刚刚升起,光辉映照着大地,世界显得那么安详。远处,一架“容克”轰炸机悄悄驶入跑道,它载着重要使命,十万火急地滑向跑道的尽头。随着驾驶员熟练地拉起操纵杆,飞机直刺长空。

机上坐着的是库默尔上校,一名德国空军中优秀的飞行员。他曾参加过第一次世界大战,且在空战史上享有盛名。原来,第一次世界大战期间,交战各国的飞机大多做侦察、宣传之用,机上一般不装备武器,即使敌对双方的飞机在空中相遇,双方飞行员也不过互相打个“招呼”,然后彼此离开,相安无事。然而在第一次世界大战时的色当前线,当库默尔驾机遇到法国飞机时,他没有按惯例行事,而是出其不易地拔出手枪,对准法国飞行员“当当”就是两枪。

这两枪虽然只是在法军飞机上添了两个小洞，却由此开了空战的先河。一战结束时，他早已有了击落敌机的战绩。1936 年，在西班牙战场上，他更立过赫赫战功。与此同时，库默尔成为希特勒的忠实信徒，他是这位奥地利下士最早的拥戴者之一，并且加入了国社党的冲锋队，后来成为德国盖世太保最早的旗队长之一。西班牙战事之后，库默尔不再承担飞行任务，成了专职的秘密警察，但其工作仍与空军有着密切的关系。例如，一战之后欧洲各国空军中出现的"第五纵队"，就都与库默尔有着直接或间接的关系。

飞机急速地飞行，仪表盘上的指针不断晃动，电台响个不停，这一切，使库默尔产生了一种"时光倒流"的感觉……在很久前，他就经历过这样的场面……突然，他想起了此行的任务。

1939 年 9 月 1 日，希特勒力排众议，命令德军闪击波兰，号称 150 万大军的波兰人仅仅抵抗了 20 天！次年 4 月，德军进攻丹麦和挪威，丹麦不战而降，小小的挪威倒是抵抗了两个月之久。5 月 11 日，德军闪击法国，古里德安将军的铁甲军团绕过了法国引以为豪的“马奇诺防线”，从法军兵力薄弱的阿登地区突破，迫使法国在6月22日宣布投降！

志得意满的希特勒立即制定了“海狮”作战计划，准备一举拿下英国。由于英国是一个岛国，要占领它只有实施渡海作战，而此时，德国的海军显然不是“掌握着海上霸权”的英国皇家海军的对手。于是希特勒计划：充分发挥德国的空中优势——当时德、英军飞机数量之比为2 400∶800——先消灭英国的空军，掌握了制空权，然后用空军对付英国皇家海军，在扫荡了英国海军之后，德军再实施渡海作战，在法国吃够苦头的英国陆军绝不是德军的对手。

8月13日，不列颠之战打响，德国开始了对英国的空袭。第一阶段的目标是英国沿海空军基地和飞机制造厂。德军以庞大的战斗机群为轰炸机队护航，并伺机寻找英空军主力决战。满以为英国空军在数量占优的德国空军面前不堪一击，以至于戈林元帅夸下海口，要在一两周内结束战斗。想不到的是，德军连续轰炸20多天，英国皇家空军仍然岿然屹立。不仅如此，不列颠空战还出现了一个前所未有的奇迹——英国皇家空军的战斗机总是能避开德国空军的护航战斗机群，并相当准确地出现在尚未有护航的德国轰炸机群面前。若是德军战斗机群先到集结地，则轰炸机在飞往集结地的途中准挨打。当时德军的飞机分散在法国、比利时的许多机场上，由空军司令部通过电报直接指挥。

8 月 13 日以来的 20 多天中，德军已损失近千架飞机，而英国空军的损失相比要小一些！希特勒最为恼火的还不是飞机的损失，强大的德国工业加上整个欧洲大陆的力量很快就能造出更多的飞机来，最令他不可接受的是飞行员的损失——在异国作战，飞行员即使跳伞也无法生还。飞行员可不是短期能培养出来的！英国皇家空军怎么能做到每次都能准确地避开战斗机群而攻击轰炸机呢？好像他们事先就知道了德军的计划一样！这引起了德军大本营的注意，希姆莱下令调查，于是库默尔上校便随一队轰炸机飞往英国，实地考察一下战地的情况。为了安全和联络方便，把一架“容克”轰炸机稍加改装，安装一架电台以便与大本营空军司令部保持密码联系，机上不带炸弹，由两架“梅塞施密特”战斗机护航，紧随一队轰炸机——在其后上方高度 2 000 米处飞行。飞机不对敌只侦察,库默尔作为轰炸机副驾驶参加飞行。

出发前一天晚上,库默尔在驻安特卫普的轰炸机师师长那里看到了写着关于今天战斗任务的空军司令部的密电,电令他们这个轰炸机师由附近的几个野战机场起飞,在加莱海峡北岸(英国领空)某地与从法国起飞的一个战斗机师会合,然后轰炸英国的几处目标。

在加莱海峡上空,轰炸机群完成了集结。机群飞过加莱海峡中段,进入英国领空。库默尔向下方看去,几处小岛在海里非常显眼,在飞机上甚至能看到拍岸的白色浪花。库默尔知道,原来这些小岛及英国海岸上都装有一种叫作“雷达”的新装置,可以早期发现敌机。盖世太保陆军处的士兵早就侦察出这一点,甚至还弄到一份雷达站分布图。在轰炸英国的最初几天里,德国空军就把这些雷达站全炸掉了,虽然英国人后来又建了一些活动雷达站,但没建在岛上,而且效果也不太好。

距与战斗机群会合只有5分钟行程了,视野里毫无敌机的影子,无线电保持静默。也许今天能平平安安——只要与战斗机群会合,可以说轰炸任务的完成就没有问题了。“右后方发现飞机!”领航员突然大叫起来。库默尔向右后方望去,果然见到几十个黑点在迅速扩大着。他心知有异,因为自己的战斗机群应从左后方飞来,而且由于战斗机的油料少于轰炸机,通常不可能率先进入集结地。

“右后方发现敌机,‘旋风’战斗机 27 架!”领航员的声音略带恐惧。库默尔也看清楚了,这些敌机比轰炸机小得多,它们的外壳甚至是用胶合板制成的。27 架小飞机直扑德军的轰炸机编队,迅速与德机混作一团。库默尔第一次以旁观者的身份在空中观看空战。德机的队形被冲乱了,机枪手顽强地还击英军,但轰炸机毕竟不适于空中战斗,已有几架轰炸机向海面栽去,库默尔清晰地看到它们落海时溅起的水花。他命令立即向空军司令部汇报情况。与此同时,更糟糕的事情发生了——正前下方,出现了乌群似的大型机群——英军的“喷火”式战斗机,整整一个师的兵力!

“快呼叫战斗机群!”库默尔向报务员下令。此时英军“喷火”式飞机已投入战斗,空中“热闹”起来,不时有飞机栽入水中，空中出现了许多降落伞。

“1分钟后，战斗机群赶到！”报务员抄下电报。但是轰炸机群已等不到1分钟了，一些轰炸机东躲西藏，把炸弹扔到海里，好几架轰炸机已经在空中爆炸了。库默尔数了一下，有半数轰炸机惨遭厄运，其余的四散奔逃。

“左后方发现机群！”领航员报告。库默尔知道，自己的战斗机群到了。悬着的心刚放下，但令他意想不到的是，敌机竟像它们突然出现一样突然地消失了，空中只留下溃不成军的二三十架轰炸机，其中一些已投空了炸弹。在大批战斗机的保护下，这些飞机总算到了目标上空，说不上完成了任务，每架飞机只是倒空自己的弹架。这时又遭到地面炮火的猛烈袭击，有一架轰炸机甚至撞到了一个防空气球上发生了爆炸。最后，剩下的轰炸机都随战斗机一起返航了。

由于库默尔座机没有战术动作，英军似乎根本就没有发现它。此时，护航战斗机的油已不多，应返航了，而库默尔座机的存油还相当多，他想再观察一下敌情，于是电告司令部，告知了自己的坐标，请示在无护航的情况下再侦察20分钟。司令部坚决不同意,令他与战斗机一起返航——按原路返回安特卫普。

“好啦,回去吧!”他对驾驶员说。飞机向左调转机头,后面的战斗机向他晃了晃“翅膀”表示明白。

“怎么回事呢?”库默尔陷入沉思,英国人竟能在飞机这样的速度上利用1分钟的时间差打一个漂亮的袭击战,不是对德军的作战计划了如指掌是不可能做到的。但他们如何得知德军的计划呢?雷达?不太可能,因为大部分沿海雷达已被炸毁,即使未毁,它也不能未卜先知呀!

“看下边!”领航员的声音传来。库默尔向前下方看去,只见英军6架“旋风”式战斗机向自己“爬来”。他并不当回事儿,因为这些木皮飞机达不到自己的高度,座机也不在其射程范围之内。但他意识到,敌机会立即向他们的上级报告,英军的“喷火”式战斗机就会到来,那时就不好办了。于是他再一次向空军司令部报告了自己的坐标和敌情。司令部电令他们不要按原路回安特卫普了,改为直接向南,在法国加莱地区的机场着陆,当地德军已派飞机接应。

库默尔改向南行，大约10分钟就可达法国海岸。但是，他突然看到前方飞来9架——整整一个大队的英军“喷火”式战斗机。两架护航机猛扑上去。库默尔座机急剧爬高，同时机枪手向英军飞机猛烈射击。

“哒哒哒！”一梭子机枪子弹打在“容克”飞机上。库默尔回头看了一眼，正在向法国机场呼救的报务员慢慢倒在椅子上。

“电报！密码！”库默尔脑子里电光火石般一闪：只有己方密码被敌方破译才能解释自己从安特卫普飞来一路平安，没被注意，刚向司令部电告了坐标及返航方向就有敌机跟上来，改变航向后又立即遭遇敌机的事实。他解开安全带，向发报机靠过去，他要向司令部报告他的这一发现。“轰隆”一声，库默尔眼前红光一闪，他最后的意识就是：“完了，飞机爆炸了……”。

第一回　叙家世阿兰出世

诗曰：

日头出来，
日头落下，
急归所出之地。

此开篇第一回也，该诗指出了对人的探索应从“头”开始。

话说1912年6月23日，在大不列颠和北爱尔兰联合王国的首都伦敦的美达谷沃林顿房区，在一所被称为沃林顿宅的房子里，一个小男孩出生了。按当地的风俗，两周后，即7月7日，这个男孩在沃林顿大道的教堂里接受了洗礼。所谓“洗礼”，原是基督教的入教礼，由施洗者（神职人员）宣告：“我奉圣父、圣子和圣灵的名为你施洗。”并把受洗者浸入水中，再向其额上洒几滴水，这样受洗者就算加入了基督教，成为一名教民。洗礼源于《圣经》，施洗者约翰曾为耶稣施洗礼。耶稣复活后，向门徒们发出命令：“你们要奉圣父、圣子和圣灵的名，给万民施洗，使他们成为我的教民。”洗礼原本是对成年异教徒进行的，以示他们皈依了基督教，但《圣经》中也有为儿童甚至婴儿施洗之例。欧洲宗教改革后，许多新教宗派沿袭了为婴儿施洗的传统。后来，为婴儿施洗便在一些民族中成为一种风俗。婴儿通常在洗礼式上取名。小男孩被取名为阿兰·马西森（Alan Mathison），他与28年后加莱海峡上的那场空战有颇大的关系。

他就是图灵（Turing，本书以后以图灵称呼阿兰·马西森·图灵，当谈及他的家族的其他成员时，则加上名字），本书的传主。从哪里开始讲述他的传奇故事呢？且听我慢慢道来。

对人的成长，今人一般持“遗传、教育、环境”三因素说：遗传是基础，教育是主导，环境起作用。人的家族传承似乎与这三方面都有些关系:家庭往往决定了一个人的遗传因素;家庭作为一个人成长的起点,又往往与人的早期教育有着密切的关系,特别是按现代的教育观点,早期教育已被推前到一个人尚未出生之时(即所谓“胎教”);家庭环境又是个人重要的生活环境之一。因而通过家庭来探讨人的成长就成为一般规律了,若再加上对长辈成员的探讨,就可以构成一个历史的链条,于是家族的历史成了重要的研究对象。本传奇无意标新立异,还是从图灵家族的祖辈谈起吧。

图灵家族具有诺曼血统。诺曼人是北欧维京人的一支,曾长期占据法国北部,后来该地就被称为“诺曼底”。诺曼人在公元 11 世纪时强大起来,于 1066 年跨过英吉利海峡,实施了史称“诺曼征服”的军事行动,对英国历史、民族甚至语言都产生了巨大的影响。图灵的家谱可以上溯到 1316 年,其时距“诺曼征服”为期已远,诺曼人的后裔已经分布于整个英伦三岛。图灵的远祖于此时来到苏格兰,定居于安格斯(原是安格斯伯爵的一块领地,后以领主之名命名,称安格斯郡,1975 年划为安格斯区建制),并与当地诺曼人通婚。稍后,又迁往阿伯丁(苏格兰东部地区,原为第七大郡,1975 年建阿伯丁区,治地缩小),进入福沃兰的属地,并一直住在那里,直到近代。

图灵家族的姓原拼成 Turin 或 Turine,这是法国人的姓氏,表明了其诺曼血统。在家族中的一位名叫威廉·图灵的家长被苏格兰的詹姆斯四世(1488—1513 年在位)授予骑士封号以后,图灵家族就在原姓后加一字母“g”,成为 Turing,这是英国人的姓氏。家族中另有一位名叫约翰·图灵的家长,由于在一次战役中的突出表现而被国王授予从男爵的爵位。从此,图灵家族在阿伯丁成为望族。

从 18 世纪起,随着英国的海外贸易和殖民活动的发展,图灵家族的许多人士开始走向更远的地方。例如,一位生于 1744 年的家族成员约翰·罗伯特·图灵从男爵作为医生,曾到印度殖民地工作,在印度发了一笔财,退休后回到苏格兰,在阿伯丁北部的班夫地区定居,成为一位受人尊重的乡绅;一位在东印度公司工作过的家族成员,参加过殖民战争;还有一些家族成员于 19 世纪移居荷兰,其中曾有父子二人先后担任过英国驻鹿特丹的领事，他们的一些后裔现在仍住在荷兰。

图灵的曾祖父也叫约翰·图灵，在巴维利亚的一家海运公司工作。1828 年，约翰·图灵携眷乘船回家，在海上不幸遇到风暴，他竭尽全力，救出许多人的性命，自己却牺牲了。约翰·图灵的儿子，即图灵的祖父，与他们在印度发财的先辈同名，也叫约翰·罗伯特·图灵。1844 年，约翰·罗伯特·图灵考入剑桥大学的三一学院。他很有数学天分，在 1848 年剑桥大学的数学荣誉学位考试中，名列第 11 名。他在三一学院相当有名气，但不是因为他成绩优秀，而是因为他有梦游症！与他的数学成绩相似，约翰·罗伯特·图灵的神学成绩也相当优秀，因而在他大学毕业的当年，就被任命为教堂副主祭，次年成为牧师。到 1859 年，他进一步被任命为三一学院的教师，同时还在剑桥大学的圣玛丽教堂担任一份神职人员的工作。在牧师任上，他娶了范妮·蒙塔古·博伊德为妻。或许是由于天主对他的“仆人”特别眷顾吧，这位牧师不但能生孩子，而且会养孩子：他有 10 个子女，其中有 8 个长大成人。这在当时是相当惊人的事情。1871 年,这位牧师荣升诺丁汉郡(英格兰东部的一个郡)德文斯顿教区长。图灵的父亲在 1873 年来到人间,名叫朱利叶斯·马西森·图灵。

朱利叶斯作为最小的儿子受到父亲的宠爱,但不幸的是,他 10 岁时老牧师与世长辞,之后全家搬迁到贝德福德(英格兰贝德福德郡北贝德福德区的一处地方,在大马斯河谷地中)。朱利叶斯刻苦读书,后来考入牛津大学,获科伯斯克里斯帝学院的历史学奖学金。这位牧师之子对历史产生了浓厚的兴趣,这可能与他丝毫未能继承其父的数学才能有关:在他看来,代数是绝对令人生畏的东西,而要求出两个负数的乘积,则已超过了人类的理解能力。但他对人类历史的关心似乎来自其父对天国的爱。大学毕业以后,朱利叶斯进了印度殖民地的民政部,在印度马德拉斯管区任职。在一次由印度途经日本、加拿大、美国回英国述职的航行途中,朱利叶斯与埃塞尔·萨拉·斯托尼小姐相遇。1907 年 10 月 1 日,他们在都柏林结婚,他们便是图灵的父母。

斯托尼小姐生于著名的斯托尼世家。她的父亲爱德华·沃勒·斯托尼是印度殖民地马德拉斯和南马塔拉铁路的工程师，后来担任总工程师。他以铁路桥梁建造闻名于世，一生中有好几项与铁路有关的专利，而其中最著名的成果是发明了“斯托尼专利无噪声布轮风扇”，这项发明使他获得“印度帝国勋章”。爱德华的哥哥弗朗西斯也是一位土木工程师，他发明的“斯托尼船闸”在世界水坝建筑中得到广泛的应用。

斯托尼小姐的祖父是英国最先使用机械收割的人之一，她的曾祖父是蒂珀雷里郡（爱尔兰南部）的一位地方长官。再向前追溯，斯托尼家族是丹麦人的后裔，这一家族于公元 9 世纪前后在约克郡（已于 1975 年撤消建制）克拉文地区定居，该家族的一个成员在 13 世纪末 14 世纪初担任过凯特莱维尔（靠近克拉文）的教区长。17 世纪末，有一位族人乔治·斯托尼移居到南爱尔兰，并按“威廉与玛丽计划”（英国威廉三世和王后玛丽旨在促使有资本的英国新教徒到爱尔兰定居的计划）得到土地。从此，他们便在蒂珀雷里郡北部定居下来。

斯托尼家族还有一些出类拔萃的人物。例如，乔治·约翰斯顿·斯托尼（1826—1911）是一位物理学家，英国皇家学会会员，他首先推测出电子（电荷的基本单位）的存在；紫外线的名称也是他提出来的；他对天文学亦有研究。他的儿子乔治·杰勒德·斯托尼也是皇家学会的会员。小乔治是蒸汽轮机专家，对光学技术亦有专长，曾主持过世界上最大的探照灯反射镜厂的工作，在第一次世界大战期间从事过反潜艇委员会的工作。老乔治的兄弟宾登·布拉德·斯托尼也是皇家学会会员，他以发明“人字架起重浮吊”及一种船坞而闻名于世。

斯托尼小姐于1881年生于印度马德拉斯管区，曾就学于都柏林亚历山德拉学院及切尔顿汉女子学院，后来毕业于巴黎大学文理学院。完成学业后，斯托尼小姐回到在印度的父母身旁，直到与朱利叶斯结婚。婚后，他们生育了两个孩子，长子约翰·费里尔·图灵，次子即本书传主——阿兰·马西森·图灵。

正是：

叙家世提供起点，

看图灵如何成长！

欲知图灵在这样的家庭中受到了何等教育，且看下回分解。

第二回　谈亲情图灵成长

诗曰：

无情未必真豪杰，怜子如何不丈夫？

不见兴风狂啸者，回眸时看小於菟。

此诗是说亲子之爱乃人类之至爱，人皆爱其子，这是人类的共性，但怎样爱，如何爱，却因人而异。今人认为，善于教育子女，能使其健康成长，给子女以充分自由并加以指导，使之个性得到充分发展的为正确爱子方式。由这个观点看，图灵的父母可以说是高层次的爱子者。

图灵人生的第一个新年是在意大利度过的——父母带着两个孩子在意大利度过了 1912 年的冬天。

1913 年春,度假结束的父亲回到印度工作(由于他就职于印度,所以大多数时间是在那里度过的)。图灵的母亲于 1913 年 9 月也去了印度,并从此经常往返于印度—大不列颠之间。考虑到孩子们的健康和教育问题,他们没带孩子去印度,而是把图灵两兄弟安排在伦敦的亲戚家。当然,父母也尽量在国内多住些日子。可能正是由于这种原因,图灵很小就养成了独立思考的能力,并且富有想象力,他动手做的第一个"实验"就充分表现出这一点:在 3 岁时,一个玩具小船上的木头水手坏了,他就把水手的胳膊种到花园里,希望能长出一个新的木头水手来。

图灵很小的时候就在母亲的指导下进行阅读。开始时,他对书中所讲授的东西领悟得很慢。后来,母亲给他找来一本名叫《易读》的书,通过此书,他"发现"了一种独特的读书方法的关键点:要找出其中的(如他后来所说的)"原理"。之后图灵用了三个星期学会了阅读书籍的方法,这种方法后来演变成一种良好的学习习惯:从最基本的原理出发,慢慢向外扩展延伸。

1918 年夏,刚满 6 周岁的图灵走进了校园,开始了他那漫长的求学生涯。他首先就读于伦敦圣伦纳兹的圣迈克尔学校。在这个学校里,图灵给人留下了两种印象。其一,正如校长泰勒小姐所言,图灵是个天才！她是这样判断的:对于许多数学题,图灵能一眼看出题目的答案,而其他学生则不得不费力地用笔去算。图灵的直觉能力开始了最初的发展。幸运的是,小学校长不仅发现了这一点,而且有针对性地对小图灵进行了培养。其二,图灵衣着随便,不太整洁,不大像个学生的样子。对此,老师们则加以指导、严格要求。

图灵儿时也同众儿童一样,喜欢搞“发明”,也经常搞“破坏”。这些儿童淘气之事在国人的家庭中常被视为“不听话”而予以训斥,而在图灵家中,情况却恰恰相反。父母不但没有对小图灵的顽皮横加干涉,而是以一种快乐的心情关注着小图灵的所作所为,母亲甚至加入到小图灵的“探索”之中。

6 岁那年,图灵曾精心配置过一种“酸模合剂”,其主要成分就是捣碎的酸模叶子,用来医治皮肤上的荨麻刺伤。母亲不但没有嫌他顽皮,反而教导他要认真地记下配方,并告诉他这是十分重要的。有一段时间，图灵对地图产生了浓厚的兴趣，常常一大早起来就忙着记下各种各样的地理数据，如英格兰的宽度等。看到这种情况，母亲就买了一本地图册作为他的7岁生日礼物，并指导他读一些浅显的自然读物，培养他对大自然的热爱。

1919年夏，父母带孩子们到罗斯郡的马拉波度假。其间他们经常带孩子们去田间游玩，进一步培养孩子们对大自然的感情。图灵真的为大自然所陶醉。他曾细心地观察野蜂的飞行，在父母的赞许下一直追踪到蜂巢，并采了些蜂蜜。当他拿着一些肮脏不堪的棕色蜂蜜回来后，为了鼓励他的探索精神和动手愿望，父母和孩子们一起津津有味地吃光了这些蜂蜜。

当1919年秋天来到时，图灵的父母照例去了印度，留在亲戚家的图灵开始了他的新“实验”。他制成了一种能把台阶染成绿色的“台阶粉”，他还写信给父母说要为父亲制造一种“特种混合烟草”，为母亲制造一座“就像月光下的黄颜色的土房子”，他甚至要为邓禄普轮胎公司做广告，母亲要他写出广告词，趁机锻炼他的写作能力。

图灵十分喜欢写作。6 岁时，他曾尝试给小朋友们写一本《百科全书》；8 岁时，他写出一本名为《关于一种显微镜》的书，按他母亲的说法，“在科学著作里这本书可谓短得破纪录”。

针对孩子出现的问题及时进行教育是图灵父母进行家庭教育的主要原则之一，这对图灵的成长起了至关重要的作用。

1921 年夏天，长期旅居印度的母亲一返回家里，就发现图灵整个地变了，从一个非常快活，甚至可以说非常活跃、爱交朋友的小家伙变成一个不爱交际、精神恍惚的孩子。在此之前，他的哥哥已离开此地去另一所学校读高年级，而母亲则一直在印度住了 3 年。母亲断定这是长期离开家人独立生活、缺乏亲情所引起的心理问题，于是决定由自己教他一个学期的课，打算通过母爱使孩子的身心恢复健康。这种做法非常成功。很快，小图灵的心理便恢复了健康，由于母亲最了解图灵的学习习惯，所以在讲述知识时就先用自己的话把原理讲清楚，使图灵能立刻掌握住知识的要点，并且能举一反三，这更促进了图灵独特的学习方法——先弄懂原理再加以运用——

的进一步成熟和发展。这一学习方法,使他受用终身。例如,他在掌握了求已知数的平方根的原理后,就独立推出了求立方根的方法。

在这期间,图灵探索自然的精神也有所发展——是以一种自然而然的,通过游戏、玩耍甚至淘气的形式发展的。他的母亲注意到了这一点,并充分尊重他的自由发展。例如,母亲带图灵上街时,一般不把他带进商店,而任他在商店外“淘气”——他经常聚精会神地用磁铁收集地沟里的金属屑。虽然金属屑没有什么用,并且这种“收集”工作又常常弄脏衣服,但母亲从不责备,反而鼓励这种收集活动。成年后的图灵有较强的动手能力和实验能力与这种活动不无关系。

儿时的图灵与其他孩子一样,对世界充满了好奇心,经常提出许许多多的问题,比如:什么东西使氧和氢这样紧密地相互结合成为水?父母一般是就自己所知尽量给以通俗的解释,但在许多情况下,则需要翻阅参考书,此时他们就鼓励图灵一起找参考书,这对于图灵的求知欲、求知方法的培养都很有帮助。他们的这种做法使图灵很早就了解了现在所谓的“文献法”,即运用参考书解决问题的方法。

1922年的春季学期,图灵也转到他哥哥约翰·图灵读书的那所“高级小学”,当时他读最低年级,而哥哥在最高年级。在度过了最初的对寄宿生活的不习惯之后,他很快就适应了环境,与同学们友好相处了。在这里,他的学习生活又出现了问题:他不喜欢体育,而且有些害怕体育比赛。老师发现了这一点,就对他进行鼓励,而且要图灵代表班级参加体育比赛。校长达林顿先生积极向家长反映了这种情况,于是1922年的暑假,父母带他到一个山间湖泊的旅游区度假,并带他听关于登山运动,特别是有关世界最高峰——中国的珠穆朗玛峰的讲座,这使图灵产生了登山的愿望。在旅游地,父母带图灵登山,让他练习划船、掌舵。冬季,他们又带图灵去滑雪。运动的实践产生了运动的激情。第二年,图灵竟成了班上体育得分最高的选手,无论跑还是跳,他样样都拿手,对体育的爱好从此保持了一生。

图灵在运动中也表现出自己的特色。例如他一度非常喜欢当球类比赛的司线员,因为这样一来,他计算球出界的机会就多了;他很喜欢玩曲棍球,不过经常在曲棍球场上观察雏菊的生长情况，还有所记录呢。于是，学校里流行起这样一首歌诀：

图灵喜欢足球场不稀奇，
因为边线引出了几何题。
阿兰是个不错的曲棍球健将，
打球时注意观察雏菊的生长。

母亲听说了这首诗，就为图灵画了一幅钢笔漫画：图灵背对着远处正在举行比赛的球门，倚在自己的球棍上，弯着腰仔细地观察草地上的一株雏菊。这幅画给图灵带来了不少欢乐，也促进了他对植物的兴趣，这种兴趣也伴随了图灵的一生。

图灵的个性不仅在运动中，甚至在不怎么讲究的“淘气”游戏中都有所表现。例如，按他母亲的记载，在一个夏季傍晚，大家在花园里休憩，一边摘树上的醋栗吃，一边开玩笑似地把剩的醋栗皮吐出去，就此有人提议比比谁吐得远。这时，图灵的独特之处立即显现出来了：他采用独特的似乎也是更合乎科学的方法，先把醋栗皮吹鼓，然后再用力吐出。只见这只醋栗皮打着转儿，像一枚出膛的炮弹，一下子被“射”出好远！

在高级小学里,图灵开始学下国际象棋,一时间在同学中引起了一阵象棋热。有趣的是图灵似乎不太计较输赢,而对各种棋子的走法以及它们怎样走遍整个棋盘更感兴趣。这种兴趣也伴随了他一生,并似乎对他的某些创造性思维有所启发。

这时的图灵充满着发明的欲望,在他写给父母的信中,经常报告其最新发明或者画出草图来表述自己的发明构想:自制出了“渗起水来赛4支”的自来水笔;构想发明打字机、照相机;发明了墨水等。为找到一种烧制黏土烟斗的方法,他还烧焦了自己的眉毛。校长达林顿先生不止一次写信赞扬图灵“善于发明的头脑总是忙个不停”,父母也很支持图灵的“发明”活动,还送给他一本当时非常著名的科普著作——《每个孩子都应该知道的自然奇观》。这部书让图灵的眼界大开,真正看到了科学的世界。他对这部书百看不厌,甚至成为著名学者后,仍对该书赞不绝口。

在学校里,图灵的各项成绩都很好,不断受到老师和学校的表扬,这些表扬促使他更加努力学习,设法保持他的优秀地位。当然,图灵也有不尽如人意的地方,例如他的作业本又脏又乱,书法也太糟糕,学校对此十分重视,不止一次的“限期改正”。这种情况下家长应怎么办呢?列位一定熟悉国人的一种典型做法:训斥孩子一顿,然后下令,每天写10至20页字,否则不许玩,不准看电视,甚至不准吃饭!图灵的母亲没有这样做,而是采取了更科学的方法。在1924年冬假中,她专门坐下来与图灵一起练字,改进他的书法。图灵存在的另一个问题是,由于太多的发明心思占据他的头脑,在学校里他渐渐变得不合群了,有时对一些琐事表现得心不在焉。这一点他似乎也“保持”了一生。

1924年是图灵的“发明”实验大丰收的一年。刚入暑假,就有人送给他一套化学实验仪器和一些药品,并附有做各种实验的说明。他一般在住处的凉亭里做实验,累了就骑自行车到乡下去“探险”,他对骑自行车的爱好也保持了终身。暑假后期,父母又带他去威尔士北部山区登山,在这次活动中,图灵又表现出他的独特方面:所到之处,他都要绘出地图,并给许多地貌地物起些名字,然后让父母与标准的军用地图相比较。此时的图灵对地理计算表现出浓厚的兴趣,绘制地图也成为他的一大爱好。为了支持图灵的“发明”实验,这一年的冬天,父母从一位法国化学家手里买了一套更正规的实验仪器和化学药品送给图灵作为圣诞礼物。图灵的实验立即升级,改在地下室进行,有时他在地下室一待就是好几个钟头。他自己设计了从海藻中提取碘的实验,为此他从海滩上抬回大量海藻,费力地对它们进行加工处理。父母看到他对科学知识如饥似渴,就专门聘请了一位教师罗尔夫先生对图灵进行科学指导。这位教师非常善于教导儿童,能使他们在享受游戏或玩耍的乐趣中受到科学的熏陶。也是在 1924 年,图灵的父亲辞去印度民政部的工作,回到国内与家人团聚。

父母还经常给图灵讲述一些伟大科学家的事迹和他们的伟业,这种谈话不是一种纯粹的说教,而是因时因景而发。例如他们在法国迪纳尔度冬假时,买到的法国邮票上印有法国著名科学家巴斯德的肖像,母亲就给图灵讲述巴斯德的科学精神;在书店里看到达尔文的著作,就讲起达尔文的事业。母亲还向图灵提出这样的问题:你自己是否能为科学做出重大的贡献?这些教育使图灵求知欲旺盛。1925 年春天,他试图借助一些百科全书自学有机化学,他给父母写的信里画满了各种有机物的分子结构,有实际存在的结构,也有他自己想象出来的结构。他还设计了一张实验顺序表,要完成一系列的实验。可以说,正是图灵父母的正确引导使他对科学的热情始终朝着正确方向发展,并且使他的所有科学活动提高了他的能力,促进了他的学业。1926 年春天,图灵顺利通过了公学会考,以优等成绩直接考入伦敦有名的舍本公学的中年级。

儿童时代结束了。

由前述不难发现,图灵儿童时代初步培养了许多优秀的个性品质,它们的形成与父母的精心教育和老师的认真培养是分不开的。

图灵的父母教育孩子的最大特点也就是最成功之处在于他们是根据孩子的爱好和兴趣,在任其自由发展的同时,精心加以引导,把孩子的兴趣和积极性引导到健康发展的轨道上来。这一点是绝对重要的,只有这样才能使儿童的个性和才干都得到充分的发展,而且这种引导鼓励要贯穿于孩子的所有的活动。这样做对家长也是一个考验,只有真正爱孩子、有奉献精神的家长才能花大力气做到这一点。

这里顺便说一下图灵考上的大学预备学校和公学是怎么回事,它们体现着英国教育的特色。英国中学分为公立中学(即由公共资金地方税和国家税资助的中等教育学校)和私立中学(即由非政府资金维持的学校)两种。在英格兰和苏格兰,约有95%的适龄儿童在公立中学就读。私立中学包括预备学校和公学两种。预备学校是一种付费的、通常寄宿的、为学童(多为男孩)在13岁以后参加进公学的统一入学会考做准备的学校。公学则主要指(英格兰和威尔士的)私立的付费学校,特别指全英二百多所最好的私立中学——所谓"校长联合会学校"。这些学校主要是单一性别的学生的寄宿学校,招收有关年龄组儿童的2%,并保证大学名额的20%,所以是质量极高而难以考上的学校。称之为"公学"是因为它不仅招收所在地的学生,也招收其他地区的学生,相对于只招收本地区学生的地方学校而言具有"公共性"。

图灵能成功地考取舍本公学,说明他具有相当全面的素质,真格是:

尊重自由，身心迅速发展。

引导有方，素质全面提高。

欲知图灵如何度过中学时代，请看下回。

第三回　入中学初现才干

诗曰：

问君何惜少年时?个性发展由斯始。

愿君常忆中学事,承前启后在于此。

此诗是说中学阶段于人生的重要性。列位请看：

一个初夏的傍晚,英格兰南端的勃兰福德镇。

初夏悠长的白昼即将过去,太阳恋恋不舍地从镇西的树林后侧望着大地,小镇房屋西侧的窗户泛出金色的光,人的影子在街上拉得长长的,薄雾从英吉利海峡的方向飘来,小镇渐渐融入轻盈缥缈的暮霭中。

镇长比尤特尔太太走到街上，一边与邻居们打招呼，一边向车辆稀少的大路上张望着：1926 年的总罢工进入高潮，交通已停运两天了，往常大清早就来的运奶车到现在还没有来，她开始为乡亲们的牛奶担心起来。她还担心食品，不是吗？一家食品店的番茄汁中午就已经告罄。但是，此刻她最担心的还是她的丈夫和孩子。孩子在伦敦上学，明天报到，因公交车停运，她要丈夫骑摩托车送孩子到伦敦。他们是午饭后出发的，一共才 40 英里，早就应该回来了，但到现在也没见到丈夫的影子。

她一边出神地想着，一边无精打采地走着。突然，耳边响起一阵自行车的铃声，她恍惚中本能地退了一步，却正好退向了身后想躲过她的自行车！见势不好，骑车人迅速地把车把一歪，于是，连人带车便重重地摔倒在离比尤特尔太太不到一码的地上。

比尤特尔太太回过神来，只见一个头不高的孩子从地上迅速爬起来，这孩子一边搓着摔痛的膝盖一边说：

“对不起，太太，没有碰到您吧？”

“哪儿的话，没摔伤吧，小伙子？”

“谢谢,我没事。”

比尤特尔太太看这个孩子:他不过十四五岁,满身尘土,脸上全是汗水,似乎走了很远的路。她忍不住问:

“你这是上哪儿去呀?”

“去伦敦,到舍本公学报到。”

“什么?伦敦!”比尤特尔太太想起了自己的孩子,她弯腰帮孩子把车扶起来,检查一下,还好,车也没摔坏。

“你家住哪里?这么晚了,什么时候才能到伦敦呀!”

“迪纳尔。”

“啊?……”

比尤特尔太太想起来了,迪纳尔是英吉利海峡另一面的法国的一个地方。如果这个孩子渡过海峡在英国的南安普敦港上路的话,他骑自行车已经走了40英里了!

“这儿是勃兰福德,孩子,你需要休息一下了,在这里过一夜吧!”

就着白昼的最后一抹余晖,孩子在地图上找到这个地名，点了点头。

“走吧，我给你安排一下。”

“谢谢！”

比尤特尔太太把孩子领到镇上最好的“皇冠”旅馆，交代一下就走了。

旅馆主人泰勒夫妇问起孩子的姓名，“阿兰·图灵！”孩子答道。

一个孩子只身一人从法国骑自行车去伦敦上学的事不胫而走，人们纷纷到“皇冠”旅馆来探视。泰勒夫妇请图灵住进旅馆里最好的一套客房，并亲自给他安排了一份相当丰富的晚餐。当夜，该镇的有线广播报道了一个名叫阿兰·图灵的14岁少年骑自行车由南安普敦到本镇，明早出发去伦敦舍本公学上学的消息。

第二天早上，泰勒夫妇叫醒图灵，又供给他一份精致的早餐。在结账时，只象征性地要了6先令。夫妇二人送图灵走出旅馆时，街上站满了本镇的居民——他们被图灵骑自行车报到的精神所感动。镇长夫妇也来了。原来，比尤特尔先生在伦敦遇到了一个老同学，不由痛饮起来，以至于半夜才回家。本镇的牧师,代表全体居民为图灵祝福。一位报童上前递给他一份本镇的“快报”,上面报道了图灵的消息,还登了图灵的大幅照片。

中午,当图灵骑车来到舍本公学时,他受到了舍监奥汉伦先生和同学们的热烈欢迎:一位热心人从勃兰福德给奥汉伦先生打来电话,告诉他有一个学生骑自行车报到的消息。舍监高度重视图灵的这种不寻常的报到方式,对其中体现出来的勇敢地面对挑战的进取精神大加赞赏。“骑自行车来的人”无形中成了图灵的绰号,而这种进取精神在许多关键时刻都发挥了作用。

事情的原委是这样的:

舍本公学开学之时,正值1926年总罢工进入高潮,交通停运。母亲劝图灵给学校去电报,暂缓报到,而图灵这时又表现出他独特的个性——他提出要骑自行车去报到。这一提议立即得到父母的支持:一方面他们知道图灵爱好体育运动,尤其是有骑自行车旅行的经验;另一方面他们想借机培养图灵克服困难的进取精神和独立生存的能力。于是他们陪图灵从迪纳尔出发,在加莱渡过英吉利海峡,中午时分到达南安普敦港，办完一些相关事宜后，下午 3 点多钟，图灵就骑车上路了。母亲告诉他不必一口气骑到伦敦，可在中途住一夜，于是出现了上面的一幕。

图灵在第一学期学习甚好，虽然他由小学直接插入中年级，许多学科，尤其拉丁语，倍感吃力，但他还是发挥了“骑自行车报到”的攻关精神，最终都通过了考试。在困难面前，学校的教育和师长对他的关心起了重要作用。图灵的舍监奥汉伦就是优秀牧师的代表之一，正如后来奥汉伦写信向学生们说的：“如果你们能回想起一点儿拉丁文的话，Humanitas[①]与幽默感结合起来就代表了大部分我想向你们表达的发自内心深处的东西。我认为你们不会指责我企图把一种模式强加在你们身上，如果我企图这样做，那会是不自量力和可笑的。”正是这种对学生的尊重、热爱以及真诚的情感，使他的教育非常成功。老师的谆谆教导和图灵的勤奋刻苦的结合结出令人欣喜的果实。在第一学期，图灵获得了“初中柯贝数学

① 人情味（拉丁语）。

奖”。实际上，从上中学起，他的数学爱好和数学才能就已显现出来了，当然，他对自然的爱好也在不断发展。在这一学期中，他把在小学时做的海藻实验中提取的碘拿给教科学课程的老师看，老师大为吃惊，觉得在自然科学方面，图灵也是一个可造之材。

但在接下来的第二、第三学期，图灵却出了问题。首先是舍监在成绩报告单上指出：“虽然我认为他并非不愉快，但他常常使人为难。不可否认，他是个非‘常态’的孩子，这倒没有什么大不了的，但他也有可能不那么快活。”在交往和学习上图灵似乎都遇到了困难。本来他的数学非常好，第一学期还获过奖，但到1927年夏季学期开学后，成绩下降了很多；他的自然科学知识虽然相当丰富，但却不十分连贯。

老师们及时地发现了问题：图灵花了大量时间去研究高深的数学知识，却忽视了自己的基础课程；在自然科学方面，则缺乏系统化的学习过程，各种各样的知识使他多少有点儿晕头转向了。舍监一针见血地批评他是“在打好地基前就想盖房顶”。

怎样帮助图灵解决他所面临的问题呢？老师首先肯定了图灵热爱数学和科学、肯于钻研和勇于探索各种高深知识的求知愿望和进取精神,以保护他的学习积极性,然后,在以下两方面给以具体帮助:一方面在探索数学和科学的方法论(如“循序渐进”)方面给图灵以指导,一方面敦促他加强基础知识、基本技能的训练。一位数学老师就在图灵向他询问怎样求解用以计算地图上等高线间的面积的积分式时,用当时图灵他们课堂中在学习的初等数学知识巧妙地求出了面积。通过对比,小图灵惊奇地发现后者的精确度竟丝毫不比前者差!

在老师们的帮助下,图灵认识到了加强基础知识、基本技能训练的重要性。在第三学期末,他的数学成绩再次名列前茅,并夺得了数学方面的“普兰普立特奖”,而且由于答卷十分出色,受到数学老师的赞赏:“我认为他将成为一个数学家!”这一学期,图灵在数学方面还有一大成就——他独立地发现了计算 $\tan^{-1}x$ 的无穷级数表达式①。当时他不知道这个

---

① $\tan^{-1}x$,一般记为 $\arctan x$,即反正切函数,它的幂级数展开式为 $\arctan x=\sum_{n=0}^{\infty}\frac{(-1)^n}{2n+1}x^{2n+1}\ (|x|\leqslant 1)$。

级数已是分析界人人皆知的事实，但他足以自豪的是，他是在未用任何微积分知识的情况下得到的。当他向老师请教时，老师最初以为他是从某本书上抄下来的，后来看了他的演算过程，才发现他的确是自己独立得出的，而且采用的竟是"初等方法"，不由得大加赞扬。显然，老师关于用初等知识解决难题的教导发挥了作用，图灵已把学习的重点放在加强基础上了（至少对数学学习是如此）。

此后的几个学期，图灵的学习有了长足的进步，但其学习方法的不足亟待解决。一位教科学课程的老师对图灵自然科学学科的学习提出批评："他的实际工作方法在目前是很难使人满意的，为了通过考试，他常常临阵磨枪。"这样，他的成绩单表现出典型的波浪式：单元小考，往往是一份很糟糕的成绩报告单——波谷；而期末大考，又换成了一份相当优秀的成绩单——波峰，上升和下降都非常明显。对此师长们对他进行了及时的帮助——每当成绩下降时，老师就与他共同分析原因，激发他的进取心，使他在下一次取得好的成绩。

人文学科的成绩不佳则成为图灵学习中的大问

题,这一点达到了这种程度:当确定1928年升留级名单时,文科教师和理科教师对图灵的情况发生了激烈的争执。文科教师认为他成绩太差,应该留级;理科教师则认为他成绩甚好,而且多有独创,应升级且予以表扬。关键时刻,校长博伊先生允许他随班试读,建议一学期之后再给他一次补考的机会。在困难中,他的父母又表现出高度的关爱:父亲此时业已辞去印度民政部的工作,回到英国,利用假期给他辅导法语;母亲帮他学习神学,同时还请了一位私人教师为他补习拉丁语。或许他的拉丁语太差了,以至于他的一位老师竟打赌说:如果图灵通过拉丁语考试,我就可以向图灵指定的任何一个慈善机构捐上1万亿英镑。

在师长的帮助下,图灵克服了种种困难,经过一番努力后,各门功课(包括最成问题的拉丁语、法语和英语)都取得了不俗的成绩。

图灵的这种学习情况,可使人们不由自主地想起若干著名学者的经历——法国大数学家埃尔米特,曾因某些学科的成绩不佳而长期得不到学位;另一位法国大数学家庞加莱,当他考入巴黎工科大学时，曾因图画成绩是0分引起过非议……是历来多学科教育的要求限制了天才的发展，还是这些天才本身也有缺陷？我们还无法断言孰是孰非，但不可否认的一点是，成绩不佳说明该人适应能力不强或某项智力尚欠发展，正是学校教育发展了该人的适应能力和该项智力，使之达到毕业生的要求，因而才有了日后的成名。不能设想一个连中学都因成绩不佳而无法毕业者在近现代能成为学术上的名人！不应"爱屋及乌"，连名人们当年的缺点也当成了优点，转而乱骂一气使他消除缺点得以成才的学校以至于当时的整个教育。诚然，各个时代的教育有其自身的缺点，但能培养出名人则确是当时教育的一大成果！

至于数学课程，到中学高年级时图灵就学得非常好了，他甚至成了宿舍的"常任数学家"，常有各个年纪的同学请他帮忙，他也乐此不疲。他的数学教师在谈到他的数学学习时说："他的思维非常敏捷，但有些作业并不理想，他很少让问题难倒，但他的方法常常是粗糙的、麻烦的、杂乱的。"

在舍本公学期间，图灵儿童时代就有所发展的数学直觉能力得到进一步的发展。

例如,在他夺取数学普兰普立特奖的竞赛中有这样一个问题:

设 P 为圆 O 内的一定点,A,B 为圆 O 上的两动点,$PA\perp PB$,Q 为以 PA,PB 为边的矩形中与 P 相对的顶点,问 Q 点的轨迹是什么?

图灵只画了一个草图,就直接回答:"Q 点的轨迹为以 O 为圆心,以 $2\sqrt{r^2-a^2}$ 为半径的圆,其中 r 为圆 O 的半径,$a=|OP|$。"

这使评卷人大为惊讶,因为他的答案是对的,但按要求(反映为评卷标准)却要做近半页纸的推导!这种解答引起了争议,争议一直搞到出题人那里。出题人坚持此题是他个人编制的,决不是"成题",就是说,图灵不可能事先在某处看到这个题的答案。老师又询问图灵,他为什么不写推导过程,图灵回答:"此题所问的全部东西就是'Q 点的轨迹是什么?',我一下子就'看'出这条轨迹,于是就写下来了。"老师们认为,这是图灵发挥了高度的直觉能力所致,所以一致同意,给他一个最高分。由此可见,图灵的数学直觉能力的发展是得到老师的精心引导、培养的。如果他的老师教条地按要求评卷,则可能会挫伤他充分发挥直觉能力的积极性,其结果也许是,后来我们就不会写图灵作为数学大师的传奇了！从这一点上可以看出,学校教育的评价方式对人的成长至关重要。

学校对图灵的教育,尤其对其学术个性的培养不止体现在这一件事上。有一次,中学考试委员会把图灵参加统考的答卷送回学校,要求解释:答卷上高度简缩的解答是否真的为图灵所做?老师们打开一看,也是目瞪口呆。

那是这样一个问题:

设 $p(x)$ 表示 n 次多项式,并且

$$p(k)=\frac{k}{1+k}(k=1,2,\cdots,n)$$

试求 $p(n+1)$。

图灵的解答是,令

$$f:f(x)=(1+x)p(x)-x$$

则有

$$f(x)=\lambda(x-0)(x-1)(x-2)\cdots(x-n)$$

于是

$$\lambda=\frac{(-1)^{n+1}}{(n+1)!}$$

$$f(x)=\frac{(-1)^{n+1}}{(n+1)!}x(x-1)(x-2)\cdots(x-n)$$

$$p(x)=\frac{1}{x+1}\left[\frac{(-1)^{n+1}}{(n+1)!}x(x-1)(x-2)\cdots(x-n)\right]+\frac{x}{1+x}$$

所以

$$p(n+1)=\frac{n+1+(-1)^{n+1}}{n+2}=\begin{cases}\frac{n}{n+2}, n\text{ 是偶数}\\ 1, n\text{ 是奇数}\end{cases}$$

答案是对的,但图灵到底用了什么方法?省略了哪些步骤?一位老师花了大半天功夫才弄清楚他采用的是“映射－反演”方法,在此基础上,他补出了图灵省略的步骤。

学校据此向考试委员会汇报,经研究,考试委员会一致认为这是一个具有高度数学直觉能力的学生,应培养、发展他的这种能力。于是,考试委员会判图灵的解答为正确,并给出了极高的评价。此后,在解数学题时大大缩简某些过程就被公认为图灵解题的特点,这极大地促进了图灵数学思维的发展。

图灵的这种直觉能力还很自然地应用到与数学有关的其他领域。例如,在图灵的中学生涯即将结束时,他的一位同学的父亲就一个大厅的照明问题征求他的意见,图灵立即就给出了所需要的公式,这位父亲很自然地问他有什么根据,图灵的回答是:"现在我还不知道,但几天后我会把证明送给您。"回家后,图灵做了大量的计算,才得出所需要的证明。图灵对电路的直觉能力对后来他在计算机方面的创造有很大的帮助!

按照现代科学方法论的观点,直觉能力是一种重要的创造性思维能力。那么直觉是什么呢?直觉是指不受固定的逻辑规则约束的直接领悟、豁然洞察事物本质的一种思维方式。而这种直接领悟、豁然洞察事物本质的思维能力,就称为直觉能力,有时也叫思维洞察力。

直觉这一概念,既可以看作感官直接观察中所获得的感性认知的总和,这称为感性直觉或感性直观;也可以看作思维直接把握事物本质的"内在"直观认识,这又称为理性直觉或理性直观。直觉思维狭义上常被看作一种在长期沉思后出现的特别迅速的、似乎突如其来的顿悟,亦可称之为"灵感"。而从直接领悟、豁然洞察的双重意义上来看,一般所说的科学想象、科学幻想、科学联想以及猜测、灵感、启示等都可以视为科学直觉的种种表现形式。一般地，直觉有三种主要的模式：一、非演绎推理——通常是思维操作的压缩或简化；二、“智力图像”思维——在数学上表现为几何直观能力；三、认识渐进中断，出现飞跃。第一个例子，图灵一下子就看出所要求的轨迹是一个满足一定条件的圆，属于“智力图像”思维，是一种高度的几何直观能力；他在解题时的高度简缩，则表现为一种非演绎推理的模式；而他对同学的父亲提出的问题能立即作出解答则是由于认识渐进中断而产生的飞跃。可见，图灵具有全方位的直觉能力。

许多科学大师都亲身体验过直觉能力与科学创造之间的关系，所以对直觉能力有高度的评价。例如，爱因斯坦曾明确宣称：“我信任直觉”“我相信直觉和灵感”；玻恩则认为“实验物理的全部伟大发现都来源于一些人的直觉”；德布罗意指出：“想象力和直觉都是智慧本质上所固定的能力，它们在科学的创造中起过，而且经常起着重要的作用”；汤川秀树也强调“人类直觉能力”的重要性；凯德洛夫则用更鲜明的语言表示：“直觉——创造性思维的一个重要组成部分”“没有任何一个创造性行为能离开直觉活动”。

现在人们则认为科学的创造活动表现为一连串的发现和发明,而这二者本质上来说都是开创新的事物。发现的意思是把已经存在的但尚不被人知的东西揭示出来,如阿基米德发现浮力定律,伦琴发现X射线,弗莱明发现青霉素等。发现常具有某种偶然性,需要具有善于从不为一般人注意的偶然现象中获得启示的敏感性,这就需要有高度的直觉能力。发明的意思则是创造或制成过去不曾存在的东西,如电灯、火车、电子计算机等。发明的实现,是主观向客观转化,沟通主观和客观的仍然是直觉,尤其是直观的想象,因而直觉能力是进行任何科学创造的基础。由于禀赋以及早期的教育,图灵早期就有的高度发展的直觉能力是他日后做出重大科学创造的基础之一。

在中学时代,图灵就表现出较强的动手能力,并热衷于科学实验。

对于学校正式开设的科学实验课程,图灵总是十分认真地学习,并在实验中表现出创新意识和开拓精神，加上他给老师看过他在小学时自己提取的碘，实验老师格外喜欢这个爱动手，尤其是满脑子新想法的学生，不仅给予他更多的指导，而且对他的一些异想天开的实验设想给予鼓励。在课外，图灵也找机会做更多的、可用手头的材料进行的实验。

有一回，他听一位喜欢喝酒的校工说，通过酒燃烧时火焰的颜色，可以辨别出酒中的酒精含量。于是他找来一些酒，夜晚在窗台上点起两只蜡烛，把酒放入一些不同的容器中，对不同的容器加热不同的时间（酒精含量因加热时间的长短而各不相同），然后把它们都点燃，不同容器中的火焰的确现出不同的颜色：由淡白到淡蓝。他为此做过许多实验，甚至包括多种酒混合而成的被他称为“巫婆之酒”的液体。后来，图灵成为一个不错的“辨酒师”——能根据火焰颜色的不同辨别酒精含量的高低。

还有一次，他在楼梯上用长绳垂直吊起一颗重锤，希望根据重锤在一上午时间内摆动方向的变化来证明地球的自转。老师们惊异地发现，这正是一个简易的傅科摆实验，而当时，图灵的课程并没学到这里。

在做某些实验时，图灵还继续发展他那种骑自行车报到式的顽强的进取精神，例如他曾用熟石膏把一盏老式瓦斯灯的球形玻璃灯罩填满，又在外面粘上一层纸，这本身就是一个关于球面不可展的“实验”。他把这个贴了一层纸的球视为“天球”，然后根据自己的观测在上面绘出主要的星座，并且探讨这些星座在“天球”上的运动。为此，在相当长一段时间里，他每天早上三点钟就起床，到院子里观察星空。

因为这种种实验，图灵在舍本公学获得了一个“炼金术士”的雅号。只要想一想，这一绰号竟是校长先生不无自豪地亲自起的，就可以看出舍本公学的师长们对图灵动手能力、探索精神的发展采取了支持、引导和值得称道的态度。

当然，图灵在中学所做的最成功的实验要数他为争取他的一位同学克里斯托弗·莫科姆的双亲设立的“克里斯托弗·莫科姆自然科学奖”而做的实验。这位同学是图灵最要好的朋友，也是一位颇有天分的学生，他于1929年通过了剑桥大学三一学院的奖学金考试，不幸的是，他还没入学就去世了，这使他的双亲十分伤心，也使他们更加关心教育事业，于是决定出资建立以他们的儿子命名的自然科学奖，奖给那些写出优秀科学论文的学生。图灵1930年和1931年两度获得该项奖。他的获奖论文都是在实验的基础上写出的，如1930年获奖论文的题目是《亚硫酸盐和卤化物在酸性溶液中的反应》。论文所述的实验和对实验的分析受到皇家督学的好评，并称赞该论文是“一篇很值得赞扬的作品”。

皇家督学的表彰对一个中学生来说非同小可。在英国，教育和科学部专门聘请500名视导员，他们的主要任务是视察各级各类学校，负责监督课程、教学法的实施；为教师做顾问，主办教师培训课程；出版各类考察报告、咨询文件以及有关教育问题的研究文件；以部代表的身份参加全国性教育机构。视导员亦称皇家督学，具有极大的权力。图灵的论文能送达皇家督学那里，说明这篇论文很有分量。若干年后，一位当年参加评奖的老师回顾说，当他看到图灵的这篇论文时，“我意识到他有一个非凡的头脑，我曾用这个实验做了一次‘漂亮’的课堂演示，但是他用一种使我大为惊异的方法搞出了它的数学关系……”这说明图灵的动手能力、实验能力都有了新的发展，并开始把其他学科与数学联系起来。这为图灵日后做出出色的科学创造打好了基础。

儿童时代的图灵颇喜欢读科学著作，前文多有述及，这其中，母亲的指导起了重要的作用。中学时代，图灵的阅读更广泛了。母亲为了进一步提高他的阅读能力、自学能力及由资料中获取信息的能力，在 1927 年的圣诞节期间，要图灵就爱因斯坦有关相对论的一部著作写一份内容概要，以帮助自己理解相对论。后来母亲一直保存着图灵写的这篇字迹潦草的概要。他在为儿子写的一部传记中指出，这一概要表明图灵当时已“惊人地熟悉其他科学家和数学家的著作”。无疑，这要归功于他在高等数学中的漫游和探索，而他这种做法正如他的老师们所说的那样，已经达到了影响其基础功课的程度了。由概要还可以看出，图灵当时也具备了相当的独立思考能力，如前文所述，这一点也是他很小就表现出来并一再为其师长所强化的个性特点，母亲要他写概要，也有进一步培养其独立思考能力的用心吧。

不妨稍引一点图灵的原话。他对第一章做的结论是：“你会注意到这些结果正是第十二章的结果。

我的表述方法与该书相当不同，因为我认为用这种方法，这本书看起来就不会那么‘不可思议’了。”他的一条注解是：“‘相对的’‘相对地’等字眼并不是在比例的意义上使用的，或许用‘由……系统来测量的’代替‘相对于……的’会使它的意思更清楚。”他认为该书第八、九章安排得非常简单，并认为爱因斯坦的一个证明过于复杂：“我有一种证法，它可以直接导出第十七章的结果，如果你愿意的话，还可以导出洛仑兹变换公式。”他还认为第十七章非常有趣而第十五章只泛读一下即可。在第二十章的概要中，他指出“一种引力场的作用使得地面不从列车下面移动过去的说法似乎是非常任意的，但是人们通常不把火车车厢作为他们的参照系”。在第二十九章的概要中，他说：“他（爱因斯坦）现在必须找到物体运动的一般定律，它当然必须满足广义相对论原理。他实际上并没有给出这个定律，即一个粒子历史中的任何两事件之间的间隔在沿着它的边界线测量时将为一个极大或极小值。”

这些概要无疑是正确的，有些理解甚至是很出色的。图灵不仅真正看懂了爱因斯坦的这部书，更重要的是他试图用自己的话来重新表述。值得注意的是，这是在1927年，爱因斯坦的相对论发表时间不长，除专业物理学家外世界上没有多少人真正明白相对论的情况下，一个16岁的少年的理解。这说明图灵已具有较高的科学素养，对科学前沿有所认识，更说明图灵已具有高度的获取信息的能力，能在诸多的资料中找出有用的信息，这是学习能力和适应能力的表现，这些能力则构成了图灵未来做出创造性工作的另一些基础。

中学时代的图灵，也与大多数少年一样，有着用不完的精力，也参加了各种各样的"胡闹"。例如在1月份，即英国最冷的月份游泳过河；而在7月份，即最热的月份参加军官训练营游行时却穿件大衣；与同学一起"倒卖"冰激凌……对此，学校组织了许多健康有益的活动以宣泄其精力，其中极其重要的就是体育运动。

由于学校及家长的培养教育，图灵早已养成体育运动的习惯。其时，舍本公学经常组织各种各样的体育活动：竞技运动会、徒步旅行、远足、登山、游泳、钓鱼……每一项活动图灵都积极地参加，有时甚至追求更大的"险境"：他在到康沃尔峡谷旅行时，勇敢地跳过峡谷,险些掉到深渊里去;在海峡岛,半夜游泳时游错了方向,险些向英吉利海峡的另一岸游去。

正如他在儿时喜欢当球类比赛的司线员却在意球出界引出各种各样的几何题一样,中学时代的图灵在体育活动中仍然不忘记从数学角度进行思考:下棋,他考虑下棋步骤的序列问题(这与他儿时下棋考虑某种棋子能否走满、如何走满全棋盘的问题是一脉相承的);登山,他考虑山的等高线、等高线围成的面积;钓鱼,他考虑钓鱼的概率问题,一个湖泊中有多少条鱼的问题,以及鱼的形状和重量的问题;踢足球,他考虑撞击计算、抛物线、速度合成等问题。

若干年后,英国学校委员会发起了"大众数学"的课程设计,试图把数学、环境、物理、社会等各科进行整合,设计出一种专门的课程,其中就有"体育活动"专题设计,目的是使体育活动与数学联系起来。表1中列出了这一设计。这里,我们不禁要问:是英国的教育一贯重视体育与数学的联系,因而使图灵朝这个方向发展呢,还是英国教育界鉴于图灵等人的成长过程,认识到通过体育活动来促进数学学习的重要性呢?不管孰因孰果,图灵一生的科学创造受惠于他的体育活动却是一个不争的事实。

表 1

题目	论题	数学内容
1. 跑道	绕圆圈行走;测量圆周;跑道	圆的周长和直径;圆的轨迹;螺线(较复杂的);计算和度量
2. 肺活量	1 升有多大?肺里的空气	很大的数的测定,尤其是以米制为单位的体积;模型制作
3. 跳水	比较三种跳水姿势	抛物线(距离—时间图像的一个有趣的例子)
4. 游泳比赛	测定游泳时间;比赛记分	平均数;估计和精准测量
5. 足球	投球;进球;射门	坐标;透视;固定顶点的张角;同弧上的圆周角
6. 阵式足球	规则;阵式足球	将矩阵形式的有序数看作向量位移;利用复数说明向左、向右及向上、向下的规则
7. 浮力	浮在水面上的物体;物体下沉原因;不同重量的船各要造多大才行	长方体体积;阿基米德原理;密度概念
8. 帆船	帆船;航道;定方位	目标方位和角度

续表

题目	论题	数学内容
9. 登山	等高线；湖区行程；山的高度	应用公式；标尺；斜率；可从等高线引出的拓扑概念，如连续性与不连续性
10. 山	山的模型；湖区景观；距离	解释等高线；模型制作；圆锥与棱锥
11. 风	风速；风速表	图上区域的解释；角速度；旋转对称
12. 拔河	爆发力；弹性；张力	绳子的摩擦力与张力（定量）；置换代数（这里可补充大量内容，例如“排次序”比赛等）；“$>$”和“$<$”次序关系的传递性，即 $A>B, B>C \Rightarrow A>C$
13. 力和方向	力量与体重之比；方向；地图参照系	比率；角度；方向；坐标系（尤其是地图参照系）
14. 钓鱼	钓鱼游戏	分数和百分比
15. 钓鱼线	钓鱼线的类型；钓鱼技巧	度量单位；圆的直径；分数与小数部分；读图；函数关系；阿基米德原理

在舍本公学中，图灵还培养了对绘画的爱好，并参加了学校的画展。在一次画展上，他展出了他画的一幅大教堂作品，由于出色的透视效果，受到一些

专业画家的好评。

1929年夏天,图灵通过了高中毕业资格考试,同年12月,他又参加了剑桥大学的奖学金考试。所谓奖学金,是指英国教育行政部门规定的对一个有前途学生授予的、用来资助他继续攻读的奖金。奖学金有政府出资的,如政府奖学金、女王奖学金,也有学校以至于私人出资的。每所大学都要公布读本校可能得到的奖学金。许多人希望获得奖学金,但名额有限,于是就有了奖学金考试,即报考者争取奖学金的考试。考试合格只取得获得奖学金的资格,而实际的获得还需要一些其他的条件。图灵的这次考试就只取得奖学金的资格而未真正得到奖学金。在这种情况下,他的父亲要求他在舍本公学再读一年,以便第二年能获得奖学金。因此,1930年,图灵仍就读于舍本公学,并担任了西宿舍长。图灵最终以获得毕业奖学金、西宿舍长奖学金和国王爱德华六世数学奖章的殊荣从舍本公学毕业。1930年12月,他又参加了剑桥大学的奖学金考试,这一次,他考取了剑桥大学国王学院的数学奖学金。中学生活圆满结束了。

正是:

全面发展出校去,
欢天喜地入学来。

欲知图灵在剑桥大学的学习生活,请看下回。

第四回　进剑桥形成个性

诗曰：

我们让火车载着奔驰向前，
树和屋子一一地倒向后面；
但平原上缀满星星的夜天，
却沿着路轨飞到我们跟前。

对进入剑桥大学的图灵来说，一条通达科学圣坛之路正在眼前。

1. 剑桥概况

不妨听一听一位毕业于剑桥并且在剑桥工作过

70余年的著名学者李约瑟(Joseph Needham)先生的现身说法,他在“世界著名学府”丛书之《剑桥大学》(1990)一书的序言中写道:

剑桥大学的学院制与世界上绝大多数大学有所不同。剑桥有30多所学院,这些学院并非专事一系一科,而是兼顾各系各科的学生督导和学业辅导。各个学院都拥有一整套中世纪风格的大宿舍,供学生课外生活住宿之用。据传在12世纪,在剑桥最古老的学院创立之前,曾经有过一所大学,情况不甚明了。剑桥大学的历史,实际上是从1284年第一所彼得豪斯学院创立时算起的。鲁滨逊学院,是1977年由一位传媒业大亨捐资兴建的。每所学院由分属不同系的学生和教授组成,师生朝夕相处,同学互相切磋,互相砥砺。

学院对学生施教,实行导师负责制,每位导师在一段时间内带两至三名学生,言传身教,德智并重,循序渐进。授课和做实验则分别在学院以外的大学各系各科的教学楼和实验楼进行。图书馆和出版社都归大学管理,收藏和出版门类齐全的图书。由此可见,剑桥大学实际上是众多学院的一个联合体。每个学院都有自己的财源和财权,每年需向大学缴纳一定数额的所得税款，富有的学院得多缴一点。

每个学院都有自己的院长和院士。只有少数院士由学院支付其薪金，大多数作为大学聘请的教授、高级讲师或讲师，由大学付给报酬。学院院长一般由学院院士选举产生。院长和院士们定期在评议厅开会，处理院务。由此可见，剑桥大学算得上是个民主集体。

剑桥大学的宿舍管理也与众不同。每单元大约有6到9间宿舍，新生入住之后，都能同本单元各层宿舍的学生熟识起来。例如，你也许是一个持自由主义思想、正在攻读英国语言和文学的英国青年，同对面房间的那位学生物化学的爱尔兰人相善，同楼上宿舍那位学法律的尼日利亚人和另一位学神学的苏格兰人友好。住在楼房顶层的，也许是一位从新加坡来此攻读物理的华人，他的对门是一位学经济的英国共产党人。其结果是，学生们在一起，没完没了的谈天说地，坐而论道。同窗三年之后，如果你还没有确立你的人生道路，那就会令人感到诧异了。可以说，剑桥每一个学院，都是由学系不同、社会出身不同、政治立场和宗教信仰不同的人混合而成的，这些学院将整个剑桥大学变成一个奇妙的熔炉。

李约瑟1924年毕业于剑桥，并从那时起在剑桥大学一直工作到1995年去世，他所描述的剑桥特色则是一以贯之的。

剑桥大学位于伦敦东北约50英里处，它由剑河而得名。剑河古时亦称格兰塔河(Granta，现在偶尔也用Granta称剑桥大学)，流过英格兰东南平原注入乌斯河，最后流入北海。

剑桥大学另一个与众不同之处是它没有划定校园范围的围墙，也没有传统的校门，整个剑桥市就是一座大学城，它围绕学校严格而有计划地组织自己的经济生活。

剑桥大学是古老的，前引文指出，它1284年即已建校，至今仍然保留着许多传统的做法和名称；剑桥大学又是年轻的，它朝气蓬勃地走在世界高科技的前列。实际上，近代科学开始发展以来的每个历史时期都是如此，剑桥大学一直领导着世界科技的新潮流。例如，在科学思想史和方法论史上的杰出人物培根(F. Bacon)曾就读于剑桥大学的圣三一学院；17世纪近代科学的奠基人牛顿(I. Newton)，1660年进剑桥的圣三一学院学习，7年后当选为院士。当时大学与一些私人捐助者设立了一系列科学教授席，其中卢卡斯教授席是最重要的科学教授席之一。1664年,由当时圣三一学院的院长巴罗(I. Barrow)任第一任卢卡斯教授,牛顿26岁时成为第二任卢卡斯教授,任期长达33年。牛顿及其追随者使数学成为剑桥最重要的学科。1750年起,数学在剑桥大学成为必修课。剑桥的数学课程闻名于世。与此同时,剑桥还设立了化学、解剖学、植物学、冶金学、天文学等教授席。1848年,剑桥开始设立自然科学荣誉学位考试。著名科学家汤姆生、卢瑟福、科克罗夫特、查德威克、达尔文等都曾就读并从教于剑桥。20世纪的前80年,剑桥就产生了62位诺贝尔奖奖金获得者!一个著名的趣事突出了这一点:某年在圣三一学院的一次晚宴上,法国驻英大使滔滔不绝地谈论法国教育制度的优越性,与会的曾任英国外交大臣的伯特勒勋爵小声对他说:"阁下,您知道,就在这所小小的学院里产生的诺贝尔奖奖金获得者,比你整个国家的还要多,对不对?"(至1982年,圣三一学院共有22人获诺贝尔奖。)

不仅科学上如此,其实,许多世纪以来,剑桥大学在英国人生活中占有特殊的地位。英国的历史以及英国在国际上的成就都离不开剑桥人的贡献。例如,剑桥为英国培养了许多治国之才,剑桥大学毕业生中出了五位首相,20世纪就有巴尔福(1902～1905)、坎贝尔－班纳曼(1905～1908)、鲍德温(1923～1929,1935～1937)等。英国国王爱德华七世、乔治六世都毕业于剑桥,现在的王储查尔斯、王子爱德华也是剑桥毕业生。20世纪90年代初,英国上议院的议员中每四人就有一人为剑桥毕业生。剑桥还为外国培养了许多治国之才,如印度总理尼赫鲁及拉吉夫·甘地,马来西亚总理拉赫曼,新加坡总理李光耀。人文科学方面,剑桥也独树一帜:《失乐园》的作者弥尔顿,诗人华兹华斯、拜伦,历史学家麦考莱,作家萨克雷、金斯莱等都曾就读于剑桥,蜚声世界的经济学家凯恩斯也是剑桥校友。

这种情况使剑桥大学获得世界性声誉,成为英国以至于世界优秀青年向往之地,剑桥的毕业生也因此遍布世界各地。17世纪,英国清教徒向美洲的发展过程中,剑桥大学伊曼纽尔学院(1584年建立)毕业的清教徒起了异乎寻常的作用,移居新英格兰的移民中35人毕业于伊曼纽尔学院,故而美国的新英格兰地区有“伊曼纽尔之乡”的美称。1637年移民去美洲的约翰·哈佛,曾于1627年入剑桥大学伊曼纽尔学院学习。1638 年,在他行将去世时,他将个人财产的一半(800 磅)和所有藏书(400 册)捐赠给新城(New Town)刚刚成立的一所经济十分困难的学院。为了纪念这一义举,这所学院改名为哈佛学院,它就是哈佛大学的前身。为了纪念这所由剑桥大学学生创办的、教育了众多移民的大学,新城亦改名为剑桥(中译名为避免与英国剑桥相混,把哈佛大学所在地的 Cambridge 音译为"坎布里奇")。因慕剑桥大学的名气,新大陆的美国至少还有两个城市叫剑桥:一个在俄亥俄州,一个在马里兰州。顺便说一下,哈佛大学成立之初,即以剑桥大学为目标。第一任校长堂斯特尔是剑桥麦特兰学院的毕业生,他坚持以剑桥水准办学,到了 1678 年,哈佛大学的学位就得到牛津大学和剑桥大学的承认。堂斯特尔的继位人乔纳赛是剑桥大学圣三一学院毕业生,他提出哈佛"发展学术,以垂万世"的办学宗旨。300 多年后的今天,哈佛已由一个"原野中的穷学院"发展为富甲世界学府的大学(其基金已达 10 余亿美元),并已然执新大陆学术之牛耳,真可谓青出于蓝而胜于蓝!

剑桥大学与中国学术界亦有相当密切的交流。在近代,不乏有著名的剑桥学子赴中国工作的事例:

如发明汉字“威妥玛拼法”注音的威妥玛(T. F. Wade,1818—1895),他曾在中国工作过,后为剑桥大学汉学系教授,他的拼音方法为西方人学习汉语提供了一种工具,对中国的拼音工作亦有促进作用;亦如教育家赖朴吾(R. Lapwood,1909—1984),他曾在燕京大学任教,抗日战争时期还到过晋察冀根据地,受到朱德总司令的接待,他后来任剑桥大学数理学部主任,是著名的地球物理学家,1984 年来中国讲学时不幸病故,骨灰安放于北京大学未名湖畔;而著名科技史学家,以名著《中国科学技术史》而闻名国内外的李约瑟(Joseph Needham,1900—1995),则更为中国人民所熟知。中国的一批著名学者则是剑桥校友:如流行病学家伍连德(1879—1960)曾在剑桥大学获理学学士学位;生理学家蔡翘(1897—1990)于 20 世纪 30 年代初在剑桥大学实验室工作,被推选为英国生理学会会员,1949 年后曾任中国军事医学科学院副院长、中国生理学会理事长等;核物理学家赵忠尧(1902—1998),20 世纪 30 年代为剑桥访问学者,中国科学院院士;核物理学家张文裕(1910—1992),1934 年到剑桥读研究生,4 年后获剑桥博士学位,后任中科院高能物理研究所所长。著名学者王竹溪、张宗燧、戴文赛、王应睐、王鸿祯、曹天钦、邹承鲁等人都是剑桥大学博士，他们在国内有关学科中起了重要的作用，并在国际上享有盛名。著名数学家华罗庚曾在剑桥做访问学者，著名作家萧乾、叶君健亦在剑桥做过研究工作。现在我国更有许多青年就读于剑桥，许多学者到剑桥访问过。

2. 如鱼得水

由于剑桥大学是一个世界优秀青年向往之地，其入学之难是可想而知的，图灵连考两年才考取数学奖学金也就不足为怪了。1931 年 10 月，图灵到剑桥大学国王学院报到，也开始他的大学生活。

图灵进入剑桥大学后，就有一种如鱼得水的感觉，用他母亲的话来说，就是“自由和纪律对他来说安排得松紧适度，恰到好处。”

为了理解这一点，不妨回忆一下，李约瑟先生笔下的剑桥大学的学院制。

这种学院制(collegiate system)是相当独特的，这里的学院(college)与一般综合性大学里所具有的文学院、法学院、理学院、工学院、农学院、师范学院等是很不一样的,前者是 college,后者是 faculty。让我们从这种不同开始谈起。

剑桥的学院负责挑选、招收本科生并安排他们的食宿,学生必须先经一个学院接纳后,才能成为剑桥大学的学生。而教学工作则是由大学负责:大学负责聘用教师、高级讲师、讲师,安排讲课、研讨会、实验等正式教学活动以及聘用与之有关的其他教学人员和行政人员,大学通过 faculty——为与 college 区别起见,译为学部——以及学部下设的系(这点倒与文学院、理学院等其他大学的形式相似,当然也有独立的不设任何系的学部)来组织教学活动。

正如人们所说的,在剑桥,学院如"家",如"王国",是学生居息论道、情之所牵的地方。从历史上来看,剑桥的学院制是 12 世纪形成的,最初主要是为了方便学生的生活而建立起来的,除供给食宿外,早期的学院还立下生活的规矩,由长者督责实施,并重视行为规范教育,使学术"文明化"。后来学院制逐渐定型,这使英国人更认为大学教育并非职业教育,认为师生之间不拘形式的接触及学生们共食共宿,具有道德教育之效果,乃培养人才之正途。实际上,

college 一词源于拉丁词 collegium，原意是同事、伙伴、同事的聚会，这也正是学院的起源吧！

剑桥大学现有 31 个学院，每个学院都有自己的风格，例如，有的学院只收男生，有的则只收女生，而多数学院则男女兼收；有的学院只收本科生，有的则只收研究生，又有的二者兼收；有的学院有千名学生，有的则只有百名。但是正如在学院建筑格局上的一致性——有一个相当大的、让学院学生足以自豪的食堂，几栋宿舍，一个图书馆及一个教堂等（顺便提一下，图灵考上的国王学院全名为“被赐福的玛丽及圣尼古拉斯国王学院”，简称“国王学院”，建于 1441 年，它在剑桥市中心占了一大片地方。国王学院的教堂是欧洲最优美的教堂之一，经历亨利七世、亨利八世两朝，用了 100 多年才建成。建筑宏伟精致，是参观访问剑桥者必到之处），学院在组织上也是十分一致的，主要由院长、院士以及其他辅助人员构成。院长一般从院士或其他优秀人士中选出，偶尔也有由英国国王任命的。院士都是杰出的人士，他们一般也由本院院士推举而产生。

院长和院士一般都是大学的教师，如教授、高级讲师、讲师等，他们既承担大学有关专业的课程教学

(实际上,他们大多数就是各学部(系)的教师),又承担学院的教学工作,但主要是担任本科生的导师和学习指导。

这种导师的存在实在是剑桥(以及牛津)大学学院制的核心。每个本科生进入学院后,学院一般从本院院士中为他指定一名导师和一名学习指导。导师对安排给他照料的本科生负全责:要关心他的福利及纪律,指导他的成长,对他选修什么课程以至于整个发展前途提供参考意见。一般来说,导师与学生相处极佳,对学生的发展有至关重要的作用,有的导师甚至在学生毕业离校后仍对其关怀备至。学习指导则对所照料的本科生的学业进展负责,负责指导他选择应学的主要课程,并对其学习各门学科遇到的问题予以指导;学习指导还为本科生确定其所学课程的辅导教师,对其进行课业辅导。辅导教师一般是学生所学专业所属的学部或系的教师(一般也是本学院或其他学院的院士)或研究生。在整个学习过程中,针对不同的课程,一个本科生可以有数名辅导教师,每人负责一门课程或几门课程。每学期末,辅导教师将每个学生的课程学习情况向其导师汇报。辅导一般每周一次,在辅导教师的住所进行。辅导时,师生一边品尝咖啡,一边交谈,气氛融洽,学生在友爱相知的氛围里学业大进。

剑桥大学的学制也很独特:每个学年从 10 月中开始,分为 3 个学期,学期间由假日分开。每个学期和假日都有名称,这些学期和假日是:

米迦勒节学期(一般 10 月中到 12 月初)

圣诞节假期

四旬斋学期(一般 1 月中到 3 月中)

复活节假期

复活节学期(一般 4 月末到 6 月中)

长假期

由于复活节并不固定——每个春分月圆后的第一个星期日,四旬斋则指复活节前 40 天,所以每年剑桥大学的各学期的具体日期也稍有变动。

从上面的时间表可以看出,剑桥大学的每个学期都很短,去掉法定休息日,3 个学期的学习日加起来只有 150 天。最紧张而又要忙于考试的复活节学期,只有 46 个学习日。按剑桥大学的规定,每个学期去掉头尾,单取中间的,占整个学期四分之三的时间叫满员学期,这期间,全体师生必须住校。如果只计算满员学期,那么,一年住校学习时间加起来不超过

120 天。要在这样短的时间内按照课程的要求，在教师的辅导下阅读大量书籍或做大量实验，不断地写学习报告或书面答卷，直至在一学年结束时通过一个部分的荣誉学位考试，必然要求学生具有较强的独立学习能力，具有主动钻研、积极进取的精神和主动获取信息的能力。而如前所述，图灵在这几方面都有独到之处，当然产生了如鱼得水的感觉了。

从教学的角度看，大学通过各系安排了各门课程的许多课堂。原则上大学里的任何人可以去听任何课。当然，一般情况下，学生还是听与自己所学专业有关的以及自己感兴趣的课。上课时从不点名记名，当学生不去听专业课时，除了自己的导师会稍加注意外，别人从不过问。有时，有的课堂只有几个人听讲。而个别课讲得不好时，淘气的学生会叠了飞镖往讲课者身上投掷……剑桥的传统强调自觉，尊重个性，尊重学术自由，进入剑桥的本来就是中学的尖子学生——多数来自各个“公学”（国王学院在 1873 年甚至只招收伊顿公学的学生），他们经过激烈竞争，是优中之优。进入剑桥之后，上有身为著名学者的导师指导，旁有同学们的激烈竞争，学习气氛极佳。剑桥崇尚学术平等之风。在上辅导课时，学生可以与辅导教师自由争论，而作为教师的大学者只提出自己的见解供学生参考，主要的工作是引导学生们通过大量阅读、探索实验等方式来自己求证，从不轻易否定学生的看法。这种教学方法更促进了图灵的独立思考能力、直觉能力的发展，使他产生了“恰到好处”的感觉。

使图灵产生如鱼得水之感的另一个重要因素就是剑桥大学丰富多彩的体育活动。前文已经述及，在学校及家长的教育下，图灵上小学时就养成了热爱体育活动的好习惯，舍本公学的生活更使他与体育结下不解之缘。由于英国公学普遍重视体育，因而升入剑桥的学生大多具有相当好的体育素质，在这种情况下，剑桥也以重视体育著称：每个学院都有很好的体育设施，并经常开展体育活动，许多学术出众的学院也以拥有最好的划艇俱乐部和优秀运动员而闻名。国王学院也如此。板球、橄榄球、篮球、赛艇是剑桥大学最热门的运动项目，能参加学院的代表队进行院际比赛，或者进一步能被选入大学代表队是一种很高的荣誉。当然，剑桥体育的最高荣誉则是在与牛津大学的较量中出阵并帮助己队赢得胜利。这两家大学从学术到体育，甚至于吹牛，都喜欢较量一番。这种较量由来已久。其中最有趣的是这两家大学运动队的运动服都是蓝色的,牛津队用深蓝,剑桥队用浅蓝,因而“蓝色”这个词的英语中有了新的含义,即“够水平”的意思,无怪乎 1996 年 2 月曾经胜过世界第一棋手卡斯帕罗夫一局棋的机器人棋手就被命名为“深蓝”(本书后文还要指出,1997年“深蓝”以三胜一平二负的成绩战胜了卡斯帕罗夫)。两校最著名的赛事当推一年一度的泰晤士河划艇赛,从伦敦的普特尼桥划到西面的莫特雷克镇,全程 4.5 英里(约 7.24 千米)。此项赛事始于 1829 年,每年三四月份举行,到 2000 年已进行了 146 届。总的来看,剑桥胜的次数略多。

图灵中小学期间培养起来的体育爱好有了施展的空间,他一入学就参加了学院的划艇队,进行刻苦而愉快的训练,并从第一年起就参加了“五月活动”的划艇碰撞赛。

当一个学年的最后一学期(复活节学期)临近终了时,要进行与学生学习生活密切相关的荣誉学位考试,而一般情况下,有关考试的细节,如科目、时间、地点在本学年的第二学期(四旬斋学期)就公布出来,所以最后一学期中学生们分外忙碌,他们不仅要参加计划中的听课和辅导，撰写论文，而且还要参加为考试作准备的论文答辩、口试，此时各种活动明显减少。考试期间，在剑桥市的评议会大厅内设立8块大布告牌，所有有关考试的成绩都上榜公布。学生们每天或满怀希望或提心吊胆地观察成绩单，并时时表现出或兴奋或沮丧的表情。

考试一结束，学生们的心情是可想而知的，剑桥大学适时地把学生的激情纳入健康发展的轨道，即考试后开展大规模的社交活动，共两周实践，称为“五月活动”(Mays)。活动最集中的第一周叫“五月周”(May Week)，这期间要举行舞会、音乐会、联欢会等，其中最闻名的就是剑河8人划艇碰撞赛。此赛也可以说是“五月活动”的高潮。

划艇碰撞赛是在剑桥市东部夏季共用草地旁举行的。竞赛规则是：参赛划艇在河里等距离排开，一声枪响，划手们全力划船向前追赶，并力争撞击到前艘船的尾部，一旦撞上，坐在艇首的舵手便伸出手臂示意，以举手次数多者为胜。在竞赛河段，两岸陡峭，只有纤夫踏出的小路可以行走，所以各学院的助威观众只能坐在河岸的草地上，只有佩专用通行证的人才能在岸边走动。

图灵参加了国王学院划艇队，在撞击赛中时有胜负，获得了很大的乐趣，虽然在一次院际比赛中，他与伙伴们误入浅滩，使船搁浅，结果没有成绩。他曾非常努力地锻炼，试图加入大学的划艇队，虽未能如愿，但体育运动的全部功能都发挥得十分完善，而且一如舍本公学的情况，他的体育与数学互相作用！

“五月活动”中音乐会也是非常受欢迎的。国王学院甚至有世界上第一流的唱诗班，它们经常上广播、上电视、录音录像、到国内外巡回演出，平时也常举办学院或跨学院的音乐会，“五月活动”中更频频出场。剑桥大学许多学院都有出色的乐队，国王学院有两个交响乐团，费茨威廉学院的四重奏在世界乐坛也是相当知名的。耳濡目染之下，图灵也喜欢上了音乐。用他母亲的话来说：“有一天他从伦敦带回一把旧小提琴，除了偶尔上几次课外，其他时候他完全靠自学。他虽然从未超出初级水平，但不管怎么说，他却能在演奏中自得其乐；虽说他并不真正具有音乐天分，但还是断断续续坚持练了20年之久。”总之，剑桥大学为图灵的个性发展提供了相当优越的条件，这是使他产生“如鱼得水”之感的最根本的原因。

3. 充 分 发 展

剑桥大学为图灵的发展提供了相当优越的条件,而他的充分发展则是他中学时代个性发展的延续,当然与其个人努力也是分不开的。

首先是数学直觉能力有了极大的发展。在 20 世纪二三十年代的数学界,数论是数学前沿的热点问题,哥德巴赫猜想①和费马猜想②等许多著名猜想都是人们不断探讨的课题。它们当年也引起作为数学系学生图灵的注意。他注意到温特(Wendt)于 20 世纪初对费马大定理所做的研究,当时温特考虑一个由二项式系数组成的矩阵,给出费马大定理的第一

① 即"任何一个不小于 6 的偶数都能表示为两个奇素数之和"。

② 也叫费马大定理:当整数 $n>2$ 时,方程 $x^n+y^n=z^n$ 没有正整数解。

种情形①的一个表达，这种矩阵就称为温特矩阵。设 $n>2$，则 W_i 是 $i\times i$ 阶矩阵的行列式，即

$$W_n=\begin{vmatrix}1 & C_n^1 & C_n^2 & \cdots & C_n^{n-1}\\ C_n^{n-1} & 1 & C_n^1 & \cdots & C_n^{n-2}\\ \vdots & \vdots & \vdots & & \vdots\\ C_n^1 & C_n^2 & C_n^3 & \cdots & 1\end{vmatrix}$$

这个行列式是一个"对称行列式"，显然

$$W_2=-3$$

$$W_4=-3\times5^3$$

$$W_8=-3^7\times5^3\times17^3$$

温特证明了：

定理 W′：令 $p\neq2$，$q=2hp+1(h\geqslant1)$ 是素数，如果 q 不能整除 W_{2h} 且 $p^2h\not\equiv1(\mathrm{mod}\ q)$，那么对于 p，费马大定理的第一种情形成立。

由此立即可以推出：

定理 W：设 p 是一个奇素数，当 $2p+1$，$4p+1$，

---

① 人们对费马大定理的研究，最初就得出结论，只需证明 $n=4$，$n=p$（奇素数）时 $x^n+y^n=z^n$ 无正整数解即可。人们对于 p 作了分析，对于素指数 p，不存在整数 x,y,z 使 p 不是 xyz 的因子且 $x^p+y^p=z^p$，叫作费马大定理的第一种情形。

$8p+1, 10p+1, 14p+1, 16p+1$ 之一为素数时，对于 p，费马大定理的第一种情形成立。

图灵由他的直觉立即得出：

定理 T：如果 p 是一个奇素数，$q=2hp+1$ 是素数，q 不能整除 W_{2h} 且 $2h=2^v p^k$，这里 p 不能整除 v，$k\geqslant 0$，那么对于 p，费马大定理的第一种情形成立。

接着，他又用了几天时间证明了这一定理。当他把定理及证明拿给学习指导看时，学习指导立即指出这是当时数学的一个前沿问题。他带回去仔细地查对了资料，然后告诉图灵，这个定理已被美国数学家杜范迪维尔（H. Vandiver）在几年前证明了。不过图灵能独立发现并证明这一命题还是很出色的，说明他对当时的数学前沿已有所了解。尤其可贵的是，图灵是用初等方法给出了这一证明，这是一个重要成绩。学习指导鼓励了图灵的数学研究，推荐了进一步学习的书目。

不过在一学年结束时，图灵在剑桥数学荣誉学位考试的第一部分考试中，只得了一个Ⅱ等。要详述这件事，还必须先介绍一下剑桥大学的荣誉学位。

剑桥大学的学位分初级和高级两种。本科生一般要先取得初级学位。在剑桥，初级学位有文科学士、音乐学士、法律学士、医学学士、外科学士、兽医学士等几种，除了音乐、法律、兽医等专业外，其他各专业的初级学位都是文科学士。

文科学士分荣誉学位和普通学位两种，只要在剑桥住满9个学期，累计通过3次普通考试，就可取得普通文科学士学位；只有通过两个部分的荣誉学位考试(2次或3次)才能得到荣誉文科学士学位。数学系学生的荣誉学位考试分为I_A，I_B，Ⅱ，Ⅲ四个部分，前三年考前三个部分，第四年考Ⅲ这个部分，通过这一部分考试能获得数学系优秀学生证书。

荣誉学位的考试成绩分为Ⅰ，Ⅱ，Ⅲ三等，有时Ⅱ还分II_1和II_2两等。Ⅰ等中特别优秀者称为带星号的Ⅰ等。对于数学荣誉学位，获Ⅰ等的叫争辩者，获Ⅱ等的叫高等奥蒂米，获Ⅲ等的叫低等奥蒂米。

图灵作为一个数学奖学金获得者，一个在中学就有高度数学素养的学生，只得到高等奥蒂米的称号，没有成为一个争辩者当然是不甘心的。但问题出在什么地方呢？

导师帮助他分析，认为原因是他虽然注意到数学的前沿问题，其研究也卓有成效，但他却没有打好较宽泛的基础，而且有的不感兴趣的课本根本就放弃了，只靠“临阵磨枪”式的复习来应付考试。显然，这是他中学时代养成的不良学习习惯的延续，它又一次给图灵敲响了警钟：学习要打好基础，学习要循序渐进。导师要他把原来学过但没深入研究的课程重新整理一遍，并对他的阅读书目做了一些调整。

母亲也严厉地指出他这是在中学里“不打基础就想盖房顶”的老毛病的再次发作，并要求他迎难而上，克服困难，学好所有的课程。

从图灵自身来看，他又发扬了“骑自行车报到”的顽强的进取精神，刻苦钻研，而且向所有课程发起挑战。关于这一点，有诗为证：

三更灯火五更鸡，正是男儿读书时。

从此静窗闻细韵，琴声长伴读书人。

日月光华，旦复旦兮，不觉间一年时光流过。一日，图灵及其学习指导应邀参加剑桥“伦理科学俱乐部”的研讨会。会上，图灵做了题为“通过数学哲学说明某些问题”的发言，这一发言大受欢迎。事后，其学习指导高兴地对图灵说：“你方法论上的认识已基本到位，懂得在思维中恰当利用直觉和逻辑的结合。”母亲看了文稿后，也高兴地说：“你终于悟出基础和前沿的关系，学业之成指日可待了。”

结果，在以后的两次荣誉学位考试中，图灵都以毋庸置疑的优异成绩当上带星的争辩者。在念四年级时，提前拿到了数学系优秀学生证书，还获得了国王学院的哈罗德·弗赖奖学金。

随着学业的进步，图灵中学里发展起来的，习惯于用数学来分析问题、解决问题的能力也不断得到深入的发展。他的一位同学，后来的皇家学会会员普林格尔指出："关于图灵，我主要记得的是我们一块儿玩桥牌度过的那些愉快的夜晚以及他能够帮助非数学专业的人解决某些难题的本事，这在数学家中是不多见的。他有一种方法，能用简单语言表达复杂的数学思想，能立即看出某个特殊问题能否用数学方法解决。"

剑桥的四年大学生活让图灵的学术个性得到充分的发展。1934 年冬假期间，他对当时的数学做了深入的探讨，写出了一篇名为《左右殆周期性的等价》的论文，讨论了分析学中著名的"殆周期函数"。"殆周期函数"是 1934 年丹麦数学家玻尔（H. Bohr）引入的一类函数，关于这类函数的理论是 20 世纪 30 年代初分析学的一个热点。图灵的这一论文被其导师霍尔（P. Hall，时任国王学院院士）誉为"非常漂亮的证明”,在他的建议下图灵将论文投往《伦敦数学会通报》,该文在该杂志1935年第10期上发表,这是图灵在学术上的“处女作”。

1935年春天,图灵又写出一篇名为《论高斯误差函数》的论文,该文对高斯误差函数做了详尽的探讨。这一论文在国王学院引起了轰动,霍尔院士向院长详细地介绍了这篇论文的意义,院长在请数学系的专家们作出鉴定后在全体院士会议上作出了一个非凡的提议——选举图灵作为国王学院的院士!于是国王学院作出了一个史无前例的大胆的决定:选举图灵——一个尚未毕业的本科生,一个不足23岁的孩子来当院士!这件不同寻常的事立即在伦敦引起强烈反响,图灵的母校——伦敦舍本公学放假半天,以示庆祝。当时的中学特殊放假可不是小事,要皇家督学的批准!

由这两件事不难看出,图灵的大学生活获得圆满的成功——他的个性得到了充分的发展,他作为数学家的个性已充分成熟。

此时,对图灵的创造性科学工作来说,正是:

万事俱备,

待机而发。

欲知图灵作出何等的创造性工作,且看下回分解。

第五回　图灵机——文传天下

诗曰：

　　我们来了，我们来了，
　　从高原，从森林，
　　从绿水环绕的洲岛，
　　喧闹的波涛也安静，
　　倾听我这甜美的笛音。

图灵没有辜负国王学院师长们的厚望，很快就为数学界送来了“甜美的笛音”——1936～1937 年《伦敦数学会通报》上发表了图灵的论文《论可计算数及其在判定问题中的应用》。

1. 计算概谈

如果说计算是人们最早进行的数学操作，大概不会有人反对，因为计数（数数）就已有了计算的意义——至少是按加法进行的计算。数学的发展，在一定意义上也就是算法和计算技术的发展，这一点在中国古代数学中表现得特别明显。中国古代数学的许多重要成就，都是用算法表述出来的，如《九章算术》的解线性方程组的成就，就表述为一个称为“方程术”的筹算算法；而刘徽求出 $\pi=3.14$ 的成就，表述为一个称为“割圆术”的筹算算法；秦九韶的求高次方程数值解法的成就，表述为一个称为“正负开方术”的筹算算法……某种意义上，可以说近代数学产生于计算的需要——微积分就产生于解决若干科学问题的计算需要。现代计算有了更高的发展，形成了一个数学分支——计算数学。而且，由于计算是数学中最基本的操作之一，它又是数学得以发展的基础，所以对计算和算法的研究，又是基础数学的若干内容。

对计算的研究,在理论上表现为对算法的研究。因为人们往往这样理解计算:计算就是按照已确定的算法,由初始数据经过一系列(有限次)的运算得到一定的新结果的一个过程。所谓“运算”,指的是一种数的变换。那么算法是什么呢?直观地说,算法是一组有限的规则,它在任何时刻都能精确地告诉我们,对某一类给定的问题该做什么。如果给出了解某一类问题的算法及属于这个问题类的一个问题,那么你只要执行算法所要求的操作,并精确地遵循已给的规则,就能很容易地解决该问题。就是说,算法就是由一组规则组成的一个解题方法。试举几例:

例1 老式自动电话使用方法。

1° 拿起话筒,听到“忙音”后把所要求面值的硬币投入专门的“投币口”中;

2° 听到拨号音,转入3°,否则转入4°;

3° 拨号,听到接通音,转入5°;

4° 放下话筒,隔一会儿,回到2°;

5° 有人接则通话,无人接可再等一会儿,仍无人接说明该电话间无人;

6° 放下话筒;

7°　结束。

例 2　小学数学课本上"乘数是两位数的乘法的计算方法"。

1°　先用乘数个位上的数去乘被乘数，得数的末位和乘数的个位对齐；

2°　用乘数个位上的数去乘被乘数，得数的末位和乘数的十位对齐；

3°　把 1°和 2°的结果相加。

例 3　《九章算术》所载求两数最大公约数的辗转相减法，原书称为"约分术"。

原文　约分术曰：可半者半之，不可半者，副置分母子之数，以少减多，更相减损，求其等也。以等数约之。

释意　若分子、分母全是偶数，则可用 2 约分；若分子、分母不全是偶数，则把分子、分母（表示它们的算筹）分别列于不同的地方，然后由较大的数减去较小的数，并辗转相减直到两边所得的数相等。就用这个数来约分。

这个"等数"就是分子和分母的最大公约数，利用这一算法可求出任意两数的最大公约数。把这一算法"现代化"，例如，译成 BASIC 语言：

```
10  INPUT A,B
20  WHILE A<>B
30  IF A<B THEN SWAP A,B
40  A=A-B
50  WEND
60  PRINT A
70  END
```

或者,译成 C 语言:

```
# include   <stdio. h>
main( )
{unsigned int a,b,c;
scanf("%d,%d",&a,&b);
while(a!  =b){
if(a<b){
c=a;a=b;b=c;
}
a=a-b;
}
printf("\n%d\n",a);
}
```

从此例子不难看出,算法应有以下的特点:

1° 是严格“一义”的规定,不可能有歧义的理解;

2° 在执行这个算法时,每一时刻都知道下一时刻(或每一步都知道下一步)怎么办,有严格的顺序性;

3° 能够解决一类问题(例如用“约分术”可解决求任意两个自然数的最大公约数这一类问题);

4° 能够在有限步内求出确定的结果。这一点在“约分术”中也表现得十分明确:因为任何给定的数都是有限的数,经过辗转相减,在有限步内一定能减到“最后”一步。

从以上例子不难看出,要解决某一问题,首先给定其算法。广义上的算法实际上是指为解决某类问题所做的一种处理过程。前述算法要求“在每一时刻都能精确地告诉我们,对某类给定的问题该做什么”,一般用“能行性”来表述。因此现在所谓算法是指对于一个问题所做的能行性的处理。这样一来,解决某一问题的关键就在于找出其算法。人们为探求各类问题的算法做了大量的努力,由此产生了许多伟大的数学成果。例如,为了得到用代数工具描述几何证明的算法,法国数学家笛卡儿引入了坐标系,创立了解析几何学;为了得到判定一切科学命题,起码是一切数学命题真假的算法,德国数学家、哲学家莱布尼茨开创了数理逻辑。

2. 算法概念的严格化

一开始人们认为一切问题都是有算法的,只不过有些问题的算法不易找到而已。但后来,一些问题经长期研究,还是找不到求解的算法(例如判定一个整系数多项式不定方程是否有整数解的问题),同时受数学中其他“不可解性”问题的证明——如几何三大作图(倍立方、化圆为方、三等分任意角)问题在19世纪的证明,高于四次的代数方程没有根式解(即利用方程系数的四则运算及开方运算得出的类似于二次方程求解公式形式的解)的证明的影响,人们开始怀疑是否这些问题根本就不存在算法。但这与数学中其他的“不可解性”问题一样,要求给予证明——证明某些问题的算法的确不存在。若是证明一个问题有算法,那只要把算法构造出来就行了,但要证明某一问题不存在算法,那就要求先把算法概念严格化，使人们明确，要证明不存在的是什么。这时我们前面给出的直观概念就派不上用场了，因为它不是精确的数学定义，因此无法进行数学证明某问题不存在那样的“一组规则”。在 20 世纪 30 年代，算法概念的严格化，即算法的数学定义问题摆到了数学界面前。

最先是一位奥地利数学家哥德尔（K. Godel，1948 年加入美国籍）跨出决定性的一步，他受到法国数学家埃尔布朗（J. Herbrand）的启发，在 1934 年的一次讲演中提出了给算法以严格定义的方法。1936 年美国数学家克林（S. C. Kleene）进一步把它具体化，定义了递归函数，并指出：递归函数是算法可计算函数（即给出算法定义）。在此之前，美国数学家丘奇（A. Church）定义了一种 λ - 可定义函数。1936 年，克林证明了它与递归函数是等价的，于是又得到算法的另一个定义：λ - 可定义函数是算法可计算函数。

这两种定义都使算法概念严格化了，但仍存在一些问题，例如，在运算过程中，就某一步骤而言，选用什么初始函数与基本运算仍有不确定性。在这种情况下，图灵对计算过程做了深入的分析，提出了一个新的算法定义,这个定义是以一个理想的机器概念(后来就称为图灵机,是丘奇于 1937 年最先这么称呼的)为基础的:凡图灵机可计算函数是算法可计算函数。需要注意的是,这里所说的图灵机是一个理想机器概念,指的是它只是一种理想机器而并非实际的物理机器。

原来图灵对人的计算过程做了化繁为简的分析,把计算分解为最简单、最基本、最机械、最确定的操作过程。

先直观地分析一个计算的例子。

一个简单的自然数计算,如

$$23 \times 27$$

按前节例 2(P87)的算法,可以这样计算

$$\begin{array}{rrrrr} & & 2 & 3 & \\ \times & & 2 & 7 & \\ \hline & 1 & 6 & 1 & \\ & 4 & 6 & & + \\ \hline & 6 & 2 & 1 & \end{array}$$

写在一行中,则为

$$23 \times 27 = 161 + 460 = 621$$

如果再进一步，要求每一个格中只写出一个“字”，则可以写为

2	3	×	2	7	=	1	6	1	+	4	6	0	=	6	2	1

现在我们可以提出，把所有的数都表示成二进制的形式，并且用某种特殊的二进制代码表示“×”“+”“=”等数学符号，那对于计算本身并没有什么原则性的影响。这样整个计算就表示为一条印着方格的纸带上的一个只含0和1两个数字的数串，此时，计算者所能做的事，也就是计算实质上只能是以下几种“动作”：

1° 把0改写成1；

2° 把1改写成0；

3° 不变；

4° 改变计算意向——转移到左边或右边的一格；

5° 停止。

图灵即按这一思路提出了“图灵机”的概念，图灵机由三部分构成：

1° 一条两端可以无限延伸的带子，带子上印有方格，方格中可以写上字母表中的任一个符号；

2° 控制器；

3° 读写头,可以左右移动,在每一瞬间只能对准一个方格,识别出方格中的符号1还是0,并在控制器操纵下向左或向右移动一格,在方格中记上(打印)一个1,或者抹去一个1(或叫写上一个B)。

那么读写头到底向哪个方向移动?采取写1还是写B?这是由机器的"计算意向"决定的,这个计算意向也就是"算法",在图灵机中表现为一组由有限条指令组成的指令集,指令集装入控制器以指挥读写头的动向(即"计算意向")。图灵机的工作过程实际上就是执行其程序中指令的过程。

在图灵机中,用$q_1, q_2, \cdots$表示其内部状态,符号$s_0, s_1, \cdots$是字母表,即机器所能打印的符号,其中s_0就是数字0(或记为B),s_1是数字1。符号R表示向右移一格,符号L表示向左移一格。由以上三种符号组成四元组,每一指令都是一个四元组。在一种最简单的图灵机中,指令有以下三种:

1° $q_i\ s_j\ s_k\ q_l$;

2° $q_i\ s_j\ L\ q_l$;

3° $q_i\ s_j\ R\ q_l$。

它们表示,在内部状态为q_i时,读写头注视的方格上的符号为s_j,读写头在下一步的动作有三种可能：

1° 将方格上 s_j 抹去，打印上 s_k，再将内部状态转变为 q_l；

2° 向左移一格，内部状态转变为 q_l；

3° 向右移一格，内部状态转变为 q_l。

这里要特别指出的是，同一个指令集中不能有两条指令其左边的两个符号是完全相同的，否则这一指令结果就不确定，如 $q_1\ 1\ R\ q_i$ 与 $q_1\ 1\ L\ q_i$ 即不能同时存在。

这样，立即可以明确图灵机的“动作”有以下三种：

1° 在注视的方格上打印一个符号（当然要先将原来的符号抹去）；

2° 向左移动一格；

3° 向右移动一格。

这就是我们前面分析过的计算的“动作”。

这样，一个图灵机就由指令给出了一种算法，实际上，也可以说图灵机本身就是这样的一个算法或一个计算。

例 4　用图灵机计算 3 + 2。

非负整数的加法的指令集：

$$q_1\ 1\ B\ q_1 \qquad (1)$$
$$q_1\ B\ R\ q_2 \qquad (2)$$
$$q_2\ 1\ R\ q_2 \qquad (3)$$
$$q_2\ B\ 1\ q_3 \qquad (4)$$
$$q_3\ 1\ R\ q_3 \qquad (5)$$
$$q_3\ B\ L\ q_4 \qquad (6)$$
$$q_4\ 1\ B\ q_4 \qquad (7)$$

共7条指令,计算的步骤如下:(注意:当计算中出现与指令集中不同的四元组时,图灵机就停机)

开始,计算3+2的起始状态,非负整数 n 在纸带上用 $n+1$ 个1来表示,如3用4个1来表示,2用3个1来表示,输入的各数之间用一个B隔开。

控　制　器

↓ q_1

开始… B 1 1 1 1 B 1 1 1 B B…

此时读写头指1,内部状态为 q_1,由指令(1),将方格中的1抹去,改为B,内部状态仍为 q_1,这是计算的第1步。

↓ q_1

第1步…B B 1 1 1 B 1 1 1 B B…

现在,读写头指B,内部状态为 q_1,由指令(2),读写头向右移一格,内部状态变为 q_2,这是第2步。

$\downarrow q_2$

第 2 步…B　B　1　1　1　B　1　1　1　B　B…

此时，读写头指 1，内部状态为 q_2，按指令(3)，读写头向右移一格，内部状态仍为 q_2，这是第 3 步。

$\downarrow q_2$

第 3 步…B　B　1　1　1　B　1　1　1　B　B…

第 4 步，第 5 步，重复这一"动作"，第 5 步结果是：

$\downarrow q_2$

第 5 步…B　B　1　1　1　B　1　1　1　B　B…

此时，读写头指 B，内部状态为 q_2，按指令(4)，把 B 改为 1，内部状态为 q_3。

$\downarrow q_3$

第 6 步…B　B　1　1　1　1　1　1　1　B　B…

然后，按指令(5)连做 4 步，第 10 步结果为：

$\downarrow q_3$

第 10 步…B　B　1　1　1　1　1　1　1　B　B…

此时，读写头指 B，内部状态为 q_3，按指令(6)，读写头向左移一格，内部状态变为 q_4，这是第 11 步。

$\downarrow q_4$

第 11 步…B　B　1　1　1　1　1　1　1　B　B…

此时，读写头指1，内部状态为q_4，按指令(7)，把1改为B，内部状态为q_4。

$$\downarrow q_4$$

第12步…B　B　1　1　1　1　1　1　B　B　B…

此时出现指令集中没有的q_4 B的情况，于是停机，计算结果为6个1，即3+2=5。

于是得出这样的一个定义：

图灵机为一四元组的非空有限集，其中的每一四元组由字母s_j(取0或1)、内部状态q_i和读写头动作{R,L}组成，不能有任意两个四元组的前两个字母相同，四元组是有序的。

从以上定义可以看到，每一个图灵机(的指令集)实际上就是一个专用的算法，即每一个图灵机就是一种特定的计算，这就把相对模糊的"计算"或"算法"概念明确地定义为"图灵机"。进而，图灵还提出"通用图灵机"的概念，对通用图灵机输入任何图灵机的程序(指令集)，它都能加以计算。这样，就把计算与图灵机等同起来了，于是得出前面的结论：凡图灵机可计算函数是算法可计算函数。

3. 重大贡献

图灵机的概念清晰、明确、直观，所以这一概念一经提出，立即受到人们的重视。人们认为，它较好地解决了计算的严格化定义问题。同时，"机器"的构想，特别是"通用图灵机"的提出，激起了人们研制真正计算机器的极大热情。至于图灵本人，虽然做出重要理论成果，而"他对实验的强烈爱好使他甚至在当时就对沿着这些思路实际制造一台计算机的可能性深感兴趣"。实际上，图灵在这里做出两大贡献：一是数学基础理论方面的，那就是他给出了严格的"计算"定义，解决了前文所述之"证明某些问题没有算法"的问题；二是图灵机的概念为研制通用计算机奠定了思想和理论基础，极大地促进了计算机的研制工作。

先看第一个问题。1936 年，图灵完成论文《可计算性与 λ - 可定义性》，证明了图灵机可计算与 λ - 可定义以及递归函数都是等价的。克林等人也证明了这一点。至此,人们对直观的算法可计算性(能行)给出了几种不同的模型,并且又证明了它们的等价性,那么算法可计算函数的类究竟有多大呢?

也是在1936年,美国数学家丘奇提出一个经验性的、归纳性的论题:一切算法可计算函数都是递归函数,反之亦然。这个论题被称为“丘奇论题”。同年,图灵也提出:凡能在有限步内计算的处处有定义的函数和处处有定义且可用图灵机计算的函数是等价的。这被称为“图灵论题”。这两个论题实际上是等价的,后来人们把它们合称为“丘奇-图灵论题”,并广泛接受了这一论题。按这一论题,就可以把某一问题是否有算法的问题归结为与之对应的图灵机(可按不同的问题构造)是否能在有限步内停机并给出一个结果(前例中给出了一个停机条件——出现与指令集中的所有指令不符的状况)的问题。如果一个图灵机的停机问题不可判定,则相应的问题也是不可判定的,即不存在算法。确定某一问题是否有算法的问题在数学中称为“判定问题”,图灵的著名论文《可计算数及其在判定问题中的应用》就是把图灵机概念用于判定问题。他证明了:不存在一种能行的方法用来判定“对任意图灵机及任意一个输入，该图灵机能否在有限步内停机并给出一个输出”。这立即解决了许多原来悬而未决的判定问题。在他的启发下，人们用类似的或等价的方法解决了更多的判定问题。例如，整系数多项式不定方程的整数解的判定问题（这是著名的希尔伯特第10问题）在1970年被解决。从这方面来看，图灵机理论对数学基础——现在称为递归论的分支——有奠基性的作用，同时计算的严格化也是一个重要的数学基础问题和逻辑问题。图灵的这一成果被视作现代逻辑的三大成果之一。

再看第二个问题。在计算机的研制方法上，图灵机理论也起了重要作用。为更好地理解图灵的这一重要贡献，我们有必要对计算机发展的历史作一简短的回顾。

计算机，更广泛一些，计算工具的研制和使用可以说是从计算开始出现起就时刻在进行的工作。如前文所述，这在一定意义上可表现为数学中算法和计算技术的发展。计算技术的发展，主要的表现形式就是计算工具的发展。

人们最早是用手指做工具来计数的。中国古代有“掐指一算”之说,欧洲直到15世纪还盛行指算,现在有些地方的人仍用手指来计算。可见手指是最早也是使用时间最长的计算工具。

随着社会的发展,中国古人开始用算筹来计算。所谓“筹”,就是一些长短粗细相等的小棍,竹质、骨质、石质皆有。算筹的出现大概可以上溯到公元前5世纪,公元前3至前2世纪已获得普遍使用。由于算筹的使用,中国古代数学以筹算为中心,以使用算筹的算法(古算书中称为“术”)为主要内容。这种情况使中国古代数学独具特色,取得许多重要成果。

古希腊人使用一种算盘——沙盘,即在一个平板(桌面、石板等)上铺上细沙,用来写字和计算。后来不铺沙子,而在板上刻上若干平行的线纹,上面放置卵石(称为“算子”)来记数和计算,叫作算板。算板是欧洲中世纪一直使用的重要计算工具,不过线纹和算子形状各不相同而已。罗马人则使用过一种“沟算盘”,现已有实物出土,是由青铜制成,算珠嵌在凹入的沟槽中,可以上下滑动,但似乎使用时间不长。

中国的穿珠算盘起源于何时，尚无定论，但明初已有相当广泛的应用，则是无疑问的了。中国算盘有轻便、价廉等特点，而且汉语一字一音，算法便于口诀化，这极大地加快了珠算的速度，因而至今长盛不衰。不仅如此，现代研究结果表明，中国珠算盘具有给数及计算以直观形象的特点，有助于儿童理解，所以多被作为数学的启蒙教具。同时，人们还发现，利用算盘处理初始数据要优于计算机，因此，尽管现代是计算机普及的时代，但中国算盘仍为财贸商务部门的必备工具，中国的珠算级别考试，也是最热门的考试之一。不仅如此，珠算盘还漂洋过海，走向世界，日本、美国的珠算盘使用都达到相当大的规模。

17 世纪初，有两种计算工具曾流行于欧洲：一种是伽利略发明的“比例规”，外形像圆规，两臂上有刻度，可任意开合，利用比例原理进行乘、除、比例等的计算；另一种是英国数学家纳皮尔（J. Napier）发明的“纳皮尔筹”，所根据的原理是 15 世纪通行中亚及欧洲的“格子算法”（一种乘法表格算法，曾传入中国，称为“铺地锦”），但与格子算法不同的是纳皮尔筹将格子和数字刻在“筹”（长条竹片或木片）上，可根据需要拼凑起来进行计算。这两种工具在17世纪都曾传入中国。

1614年,纳皮尔发明了对数。利用对数,乘除运算可化为加减运算来进行,于是,对数计算尺诞生了。这是计算工具上的一大进展。最早的设计者是英国人冈特(E. Gunter),他于1623年设计了一种具有对数尺度的计算用具;1632年奥特雷德(W. Oughtred)发明了有滑尺的对数计算尺,同时制造出圆形计算尺;1659年意大利人帕特里奇(S. Patrizi)制成有固定尺身和滑尺的计算尺;1850年,法国人V. 曼南将游标装在尺上,这一做法得到广泛采用。后来,各种计算尺成为科学工作者特别是工程技术人员不可或缺的计算工具,直至20世纪60年代才为新型电子计算器所取代。

与发明计算尺同时,17世纪还出现了机械式计算器,其最早的设计者是德国人席卡德(W. Schickard),他在给德国著名天文学家开普勒(J. Kepler)的信(1623~1624)中描述了自己发明的四则计算机,但实际上并未制造成功。开普勒本人也设计并制造了一种专门用来进行天文计算的计算机,它可以进行乘法计算,不过此机没能留传下来。第一台能做加减法的计算机的创造者是法国数学家帕斯卡(B. Pascal),他在1642年制成了一台齿轮式加法机,能进行六位数的加法计算,此种计算机当时在法国税收工作中起了巨大的作用。1649年,帕斯卡取得此机的专利。现在还有几台帕斯卡机保存在巴黎。1671年,德国数学家莱布尼茨(G. W. Leibniz)发明了能做加减乘除四则运算的机械式计算机,1694年又对它做了改进,使之增加了开方的功能。但它还没有解决十进制的多位数计算的问题,而且由于当时工艺水平的限制,这种计算机始终未能成为商品。这之后,许多人在计算机的研制方面做了大量的工作。例如法国人L. H. 托马斯在19世纪初设计了一种比较实用的计算机,1821年建厂投产,开创了计算机制造业,进行了计算机的商品生产。再如俄国工程师W. 奥德内尔于1874年制成了一种新式计算机,并开设工厂生产,组织销售了大量计算机,直到20世纪20年代,奥德内尔机还是一种重要的计算机器。从席卡德开始,经历了二百多年的时间,终于使机械式计算机逐步演变为今天尚可看到的手摇台式计算机。

19 世纪初,法国在计算各种数学用表(如三角函数表、对数表)时采用了化繁为简的分组方式。把一批人分成三组:第一组由 2~3 名数学家提供具体的计算公式或算法;第二组由 5~10 名计算人员提供各种数据;第三组由 100 名计算员按给定的公式和数据做简单的计算工作。这样就能使许多人如同机器一样按“指令”步调一致地完成一项项庞大的计算工作。

这种分组计算的方法给英国数学家巴贝吉(C. Babbage)带来了灵感,他试图设计一种计算机取代人力工作,把人从繁杂的脑力劳动中解放出来。他的一个划时代的思想就是利用事先编制好的程序控制计算机,使其能自动运行。1822 年,他制出一台差分机,其具有了“程序控制”的萌芽。进入 30 年代,他进而设计了一个程序控制的通用计算机,称之为“分析机”。在其设计中已有了存储器、运算器和控制器的思想,它能对计算进行程序控制,并利用“穿孔卡片”在技术上实现了这种控制。但由于受当时技术水平的限制,分析机没能制造出来。可他提出的“程序控制”的思想却成为单纯的计算器和自动运行的计算机的一个分野,他的思想对后来计算机的发展产生了重要影响。因此,在 1992 年 12 月 26 日他诞辰 200 周年纪念之际,英国人完全按照他生前的设计制出了巴贝吉计算机,以此作为对这位计算机先驱的怀念。

巴贝吉的计算机设计思想大大超前于人们的应用实践,不仅整个 19 世纪人们一直在用各种手摇式、齿轮式的计算器进行计算,就是在 20 世纪初期也仍以此作为计算工具的主体。但随着电力技术的发展,人们开始把电力引入计算器中,以电作为动力,随之便出现了形形色色的电动式计算机,其中最为著名的是美国的霍尔瑞斯(H. Hollerith,1860—1929)制造的计算机。该机也采用了穿孔卡片技术,并用穿孔卡片控制,还用它来做存储器,同时采用了弱电流技术,使计算机的运算速度和自动控制程度都有所提高。他的机器在美国的人口统计中获得极大的成功,同时也获得丰厚的经济效益。1893 年,他成立了制表机公司,开始了计算机的商业生产。1911 年,他的制表机公司又同其他几家公司合并成立了计算、制表、记录公司(CTR),1942年,改名为国际商用机器公司,这就是现在闻名遐迩的IBM公司!

至此,虽然计算机中使用了电力技术和一些控制技术,但仍采用机械原理工作,还远没有实现巴贝吉的“程序控制”计算机的设想。

20世纪初,电力技术有了进一步的发展,人们发明了“继电器”这种电器元件,它在电话自动交换得到了成功的应用。30年代,有人提出用继电器取代巴贝吉分析机中的机械元件从而制成“程序控制”计算机,这项工作的先驱者是美国人艾肯(H. Aiken),他在30年代中期设计了世界上第一台以继电器为主要元件的计算机——马克-1,开创了机电式计算机制造之先河。与他同时,德国人楚泽(K. Zuse)也开始了机电式计算机的研制工作。在40年代初期,他也几乎同时研制出了机电式计算机Z-3。马克-1和Z-3都是通用的数字计算机。

在20世纪30年代,电子电路技术也逐渐趋于成熟,电子管开始得到广泛的应用,但还没有被运用于计算机的制造领域。

这就是图灵机理论提出时计算工具发展的历史及现状。可以说，除数学基础理论自身发展的需求之外，计算机制造的实践也迫切需要解决计算的精确化和如何把计算转化为机器的运行的问题。通用图灵机的提出解决了这两方面的问题，所以现代数学界一致认为：

"如果把图灵机的内部状态解释为指令，用字母表的字来表示，和输出字输入字同样存储在机器里，那便是一部电子计算机。可以说，电子计算机正是图灵机与电子技术结合之后的产物。"[①]

图灵的理论工作，为电子计算机的研制提供了理论基础，使巴贝吉的"程序控制"计算机从设想变成现实。

---

① 《中国大百科全书·数学》，第630页。

4. 普林斯顿博士

1936年9月，在见到图灵提出了“可计算数”的新思想后（当时这一论文正在审稿），美国数学家、普林斯顿研究院的丘奇（曾提出“丘奇论题”，就是图灵这篇文章的一个审稿人）邀请图灵到普林斯顿来工作一段时间。9月份，图灵远涉重洋来到美国。在普林斯顿研究院——一个以学术见长和人才辈出的地方，图灵如鱼得水，第一年就得到丰硕的成果：1937年3月完成论文《一个群的扩张》，4月份完成论文《对李群的有限逼近》。它们都于次年发表。

1937年图灵回国度过暑假，之后又以访问学者的身份回到普林斯顿，在丘奇的安排下，他开始申报博士学位，并着手撰写学位论文。1938年5月，图灵通过了博士学位论文答辩，获得普林斯顿研究院的博士学位。他的博士论文《在序数基础上的逻辑系统》于1939年发表在《伦敦数学会通报》上，一些行家认为：“他（图灵）在普林斯顿写的这篇关于序数逻辑的博士论文和他在去世前不久写的关于字问题的著名论文，与那篇更有名的《论可计算数》的文章相比，无论在能力上还是在思想独创性上，都可以说是并驾齐驱，不相上下。”

1938 年夏天，图灵婉言谢绝了普林斯顿请他担任著名数学家冯·诺伊曼助手的建议，回到英国，恢复了剑桥大学国王学院院士的工作。在相当一段时间里，他的研究工作突飞猛进，从 1938 年夏到 1939 年春天，他完成了以下几篇学术论文：《z 函数的一种计算方法》《丘奇类型理论中的一个形式定理》《在丘奇系统中用点作为括号》。它们后来被陆续发表出来，有力地推动了有关学科的发展。

在剑桥大学工作和赴普林斯顿做访问学者期间，图灵的个性特点仍不断有所发展。

他热爱体育运动，喜欢旅行。工作后每年假期都抽时间去游历名山大川：在美国的圣诞节假期，他就去南卡罗来纳州旅行，其间穿越过著名的大峡谷；而复活节假期，又到华盛顿、马里兰等地旅行。他热衷于实验。在两次赴美乘坐的轮船上，他用在旧货市场买到的一架六分仪不断进行方位测量，此时写的信件全标经纬度。图灵喜欢动手制作,有较强的解决实际问题的能力,这表现在各个方面。例如在日常生活方面,他常常靠观察星星的位置来校正钟表的时间:从一个固定位置去观察,每隔相同的时间,就有某颗星被附近的建筑物挡住,他就利用这一点对表。有一次在白天,几个同学出去远足,谁都没有带表,于是图灵就临时做了一个日晷来看时间,效果非常好——他们无论乘车还是看戏,一次也没有误点。

还记得小学时图灵的曲棍球爱好么?记得母亲为他画的“观察雏菊生长”的画像么?在国王学院,图灵通过训练成为一个曲棍球手,甚至把这一爱好也带到了普林斯顿研究院。他不仅加入球队参与比赛,而且出面安排比赛,在瓦萨,在纽约,在许多地方都能看到研究院球队的身影。

还记得图灵在剑桥大学的音乐爱好吗?工作后,他又爱上了朗诵,还参加了国王学院的一个剧本朗诵俱乐部,同样也把这一爱好带到了美国。

按图灵母亲的说法,图灵是一个肩宽体壮、身材高大的人,生活中他不修边幅,不爱交际,常常心不在焉，有时表现的随遇而安。可以说，他具有一个典型的“学者形象”。如果不是一场全球性的重大事变改变了他的生活道路，他也许会像庞加莱（J. S. Poincaré）那样，在学院里平静地度过他的富于创造性的学者生活。但是，事变骤起，一切都改变了。

正是：

东南望烽烟三万里，

射天狼博士赴戎机。

欲知世界发生了怎样的事变，对图灵的生活产生了怎样的影响，且看下回分解。

第六回　破哑谜全力挽狂澜

诗曰：

战斗的号角发出警报，
青年团员们集合出发。
拿起武器奋勇战斗，
万众一心保卫国家。
我们再见了，
亲爱的妈妈！
请你吻别你的儿子吧！
再见了，亲爱的故乡，
胜利的星会照耀我们。
再见吧，妈妈，

别难过，别悲伤，

祝福我们，

一路平安吧！

这是二次大战中苏联青年慷慨从军、保家卫国时所传唱的歌曲。世界其他国家的青年也是以这样高昂的热情投入到反法西斯的斗争中去的！

1938年，一个秋天的早上，波兰首都华沙，灰暗的云块压在城市上空，维斯拉河才从夏日的洪水中安静下来，铅灰色的水流卷着洪水留下的垃圾缓缓向北方流去。

一位穿着破旧方格风衣的老者匆匆地沿河向居里夫人博物馆的方向走着，被他惊动的鸽子“咕咕”着退到路边的河堤上。

一辆漂亮的罗尔斯－罗伊斯轿车在老人身后慢吞吞地行驶着，乘车人不断由车窗投出食品喂鸽子，鸽子围着轿车上下飞动，大胆些的竟直接从乘车人的手中啄食。近来天天如此，人们猜测是一对美国夫妇前来度假。

已看到居里夫人博物馆了，轿车停下来，车门打开，一些鸽子竟然飞进车厢中去……

老人加快了步伐，终于按指定的时间来到了博物馆的大门口。他四处望了一下，没有什么人注意到自己，随即把手伸入口袋，拿出了一份按要求要用右手拿着的报纸。转眼间，眼前不知从哪儿冒出了两个身材高大的汉子，正如电话中描绘的：两人均穿黑色西装，一位上衣兜内露出一白色手帕，另一位则佩一红色胸章。老人缓慢地念出一句话：

“维斯拉河滚滚奔流。”

两个大汉之一顺口接上：

“不管严冬还是酷暑。”

另一个摘下墨镜，用非常纯正的德语问道：

“您是莱温斯基先生吧？”

“是的。”

“我叫阿尔弗雷德·诺克斯，这位是我的朋友阿兰·图灵。我们从伦敦来。”

“我正等着你们呢。”

“请跟我们来吧！”

诺克斯和图灵领着莱温斯基沿维斯拉河大道走回去，一会儿，路遇那一对喂鸽子的“夫妇”，乘车人向诺克斯几乎看不出地点了一下头，又忙于与鸽子的“对话”。

按诺克斯的要求，莱温斯基重述了一遍诺克斯和图灵已熟知的他的经历和要求：他原是德国密码机生产厂的工程师，因是犹太人而被德国纳粹迫害以致驱逐出境，两手空空来到波兰，现在饥肠辘辘，囊空如洗，不得已想出了一个向英国出卖德国密码机秘密的主意，要求以一万英镑、英国护照和夫妻二人在法国的居留许可为交换条件。

“您了解他们的核心机密，他们怎么会让您离境呢?”诺克斯问。

“德国人认为，制成密码机是一回事，掌握编码是另一回事，不掌握编码，即使有密码机也没有用，因此他们还向日本出口密码机呢。”

“那么，您为什么要英国护照，又在法国居留呢?”诺克斯问出了他们最为大惑不解的事情。

“我妻子是法国人，希望在法国住；至于要英国护照，是因为我相信英国。”

诺克斯松了一口气，下面该图灵发问了：

“您能保证仿制出密码机吗?”

莱温斯基小心地向四周张望了一下，确信没有人,才从怀中掏出一卷纸,递给图灵。

“这是我凭记忆画出的密码机草图,核心部位的技术还可以改进。”

图灵接过图纸,迅速浏览一下——我的天,太好了,真是无价之宝!他向诺克斯点了一下头。诺克斯给了莱温斯基一些零钱,先解燃眉之急,叫他静候消息。

几天之后,手持英国护照的英国公民莱温斯基夫妇登上了驶往巴黎的客轮。

图灵在剑桥大学就读和担任国王学院院士、做出了他最初的数学成就的时代,正是世界上风云变幻、战争危险空前严重并在实际上走向战争的年代。1931 年 9 月 18 日,日本打响了侵华战争的第一枪,占领了中国的东北。1933 年,德国希特勒上台,开始了疯狂的备战侵略行动:1935 年 3 月 16 日,公布征兵法,扩大军队;“收回”萨尔区;5 月 10 日通告国联,德建立了空军。这些都违反了 1919 年的凡尔赛条约,但没有遭到有关国家的有效反对。1936 年 3 月,德军占领莱茵区,英、法政府对此予以容忍。与此同时,其他国家也加速走向战争。1935 年,意大利墨索里尼发动侵略阿比西尼亚的战争，并于1936年5月完全占领阿比西尼亚；1936年7月西班牙内战爆发，德、意采取了支持佛朗哥进攻西班牙共和国的立场；1936年11月1日，意、德结成“罗马－柏林轴心”；11月25日，德国和日本达成反对共产国际的协定；1937年7月7日，日本发动卢沟桥事变，发动了全面的侵华战争，第二次世界大战从此打响；1937年11月6日，意大利加入了德、日反共协定，三个法西斯国家结成了联盟；1938年3月11日，德军吞并奥地利，10月占领捷克斯洛伐克；1939年9月1日，德军闪击波兰，欧洲大战爆发了！第二次世界大战全面爆发。

第一次世界大战之后，许多国家的政治家都预见到战争的不可避免性，特别在20世纪20年代末30年代初，战争的危险空前严重，此时世界各国都在不同程度上进行着备战工作。

备战工作除了储备物资之外，另根据“知己知彼，百战不殆”的古训，对敌方和可能的敌方准备情况的了解，尤其是战略意图的了解，可以说也是一种至关重要的备战工作。这就是所谓的情报工作，它包括情报的获取、传递和接收，其中每一个环节都相当重要。情报的传递尤其有特殊的重要性:一方面,情报要传给自己人,传不出去就没有意义了;另一方面,情报要防止被敌方或潜在的敌方获取。与此相关还有第三方面,设法截获敌方或潜在敌方传递的情报为己所用。因此情报在传递时要制作成己方能看懂但别人看不懂的形式,同时还要尽量设法看懂截获的敌方或别人的情报,这就涉及"密码"的编制和破译问题。

1. 密码学的历史回顾

为了使传递的情报,或更一般地通信,只让通信双方看懂而使有可能看到信件的其他人看不懂,就要对通信内容加以处理,可以使用暗语、代码(事先做好约定)等把真实内容隐藏起来,这一过程称为"加密"。通信内容本身称为"明文",明文经加密处理得出的结果称为"密文",亦称为"密码"。通信过程中传递的是密文。收信方收到密文后,用约定的方法把密文恢复为明文,这一过程称为"脱密",这一约定的方法称为“密钥”。

在密文的传递过程中，如被第三者截获，但他不知道通信双方约定的方法，即不知道密钥，一般来说，他就不能了解通信的内容，如果想了解这一内容就要对密文加以研究，以期找出恢复明文的方法，这一过程叫作对密文或密码的“破译”。

这样，加密和破译就是情报工作的两个重要方面：不断研究加密的方法，使己方的情报更加可靠，同时不断研究破译的方法，使对方的情报能为我所用。实际上，加密的方法包括这样两个方面：一是加密的法则；二是加密的实施。从数学的角度看，就是按算法进行的操作或计算。通常，比较简单的算法可以用手工操作或人工计算来实现，较复杂的算法可以用机械设备来实现，更复杂的算法则要用电子设备来实现。一种加密算法和一套实现这个算法的设备称为一个密码体制。

从截取的角度看，如果对方长期用一个固定算法加密，那么就可截获大量的密文信息，有利于破译。因而，加密者要经常改变加密算法。如果完全改换加密的算法，就要同时更换一套新的实现设备，这样既不方便又不经济。一般地,加密者在设计加密算法时,就在其中引进几个可变的参数。对于同一算法,采用不同的参数就得出不同的密码,而参数的改变是可以在不更新设备的情况下实现的。

从数学的角度看,不太严格地说,加密算法可看作是一个函数,函数的变量是参数,函数的值就是密钥,这就是说,对于变量的一个确定的值,就表示了选定了一个密钥。密钥一确定,就是确定了一个加密的方法。脱密算法可看作加密算法的反函数,使用同样的密钥可以把收到的密文唯一地译成明文。

在信息发出之前,加密者和脱密者要事先商定好用哪一个密钥。对于截取者,一般是假定他们知道加密的算法而不知道密钥,因为加密算法是通过机器实现的,而机器是可能丢失的,有的甚至作为商品流通。所以加密者通常设计密钥量很大的密码体制,截取者即使有机器,也很难判断使用的是哪一个密钥,因而很难破译。在保密通信中,密钥一般是严格保密的,同时密钥又必须时常更换,如一周一换,一天一换或一次一换。

在第二次世界大战以前,主要的密码体制有文字替换体制和机械体制。下面先考察一下它们的历史。

1. 密码体制举例

最早的密码体制是通信双方使用事先约定的符号、图形或文字代替明文，这就是文字替换密码体制。

最早使用这种密码体制的例子似乎是中国古代助周灭商的大将军姜子牙（公元前 11 世纪），他发明、制造并使用了一种称为“阴符”的军事密码。阴符是一套尺寸不等、形状各异的“符节”，即木块或竹条之类的东西。通信双方事先约定每种符的意义，如按《六韬 · 龙韬》记载，设 8 种符，1 尺长的表示“大胜克敌”，9 寸长的表示“破阵擒将”等。需要通信时，只要派人送一种特定的符就行了，即使被敌人截获也无妨，而且有时可临时更换符所表示的意义。由于这种符过于简单，表达的信息有限，后来又产生出各种不同用途的虎符、兵符、令箭、金牌等，使之能表示更多的信息。

而真正意义上的军事通信密码出现在 22 个世纪之后的宋朝，曾公亮《武经总要》中记载，大意如下：

先列举当时军队中必用的40个军用短语，为之排上序号，如1. 请箭；2. 请刀；……14. 请增兵；……18. 请固守；……31. 被贼围；……另外再选一首无重复字的五言律诗（每句5字，共40字），如双方选定以唐人王湾的五言律诗《次北固山下》为密码表：

客路青山外，行舟绿水前。
潮平两岸阔，风正一帆悬。
海日生残夜，江春入旧年。
乡书何处达？归雁洛阳边。

战事进行中，因敌兵势盛，情况紧急，前线将领请求增兵援助。首先从密码表中查出“请增兵”的序号为14，然后再查诗中第14字为“岸”字，于是马上写一篇普通公文，其中有“岸”字，在此字上加盖印章，叫人送交上级。上级按相反的过程查一下就知道要求，如同意则在公文中写上这个“岸”字，盖上印章发回，如不同意，则盖一个空印发回。这种保密方法，不仅使敌人看不懂内容，就连送信人也不知道，十分可靠。

历史上还曾出现过许多加密的方法：如古希腊人发明过一种称为“天书”的密码；中世纪东西方都

使用过“漏格板”的方法；第一次世界大战时期用五线谱音符表示字母的方法……但它们都无法对大量的文字作加密和脱密的工作，因此，需要寻找一种加密规则简单、操作方便、迅速而又可靠的加密方法。

罗马时代的凯撒（J. Caesar）大帝就使用了密码通信。他的方法是把每个字母用跟在它后面的第 3 个字母代替，代替表如下：

明文	a	b	c	…	w	x	y	z
密文	d	e	f	…	z	a	b	c

从数学上看，按 a ~ z 分别编 1 ~ 26 号，则有 $\Delta = (\delta + 3) \pmod{26}$ $(\delta, \Delta = 1, 2, \cdots, 26)$，利用此表将明文

good morning

变为密文

jrrgpruqlqj

这种体制，加密和脱密都很容易，当然，可采用不同的替代，即公式中的 3 亦可用别的数字取代，如 6（此时明文 a 对应密文 g，即用 g 代替 a，余类推）。由于只作一种代替，这一体制称为单表密码体制。

密钥词组密码和维吉尼亚（vigenere）密码都是相

当常见的单表密码，我们不妨来看一下后者。维吉尼亚密码首先要求选定一个英文字母序列作为密钥，这个序列可以是词组，也可以是无意义的字母组合。例如，取“my little finger told me”（我自然知道了）做密钥，然后在明文下面多次重复排列这个密钥，注意字母对齐。

明文 The boy finished the cake just in a few bites
密钥 myl itt lefinger tol dmem ylit tl e fin gerto

把明文字母的编号 α（拉丁字母中的次序数）同与之对应的密钥字母的编号 β 相加，然后求其被 26 整除的余数，这余数即为相应明文字母对应的密文字母的编号 γ，即加密算法为

$$\gamma = (\alpha + \beta) \pmod{26}$$

按此法得出的密文如下：

密文 g g q k i s r n t r g o j v n w q g n p r i g b n c z f l n k i n l y h

对密码的破译依赖于对密文的统计分析，利用每个英文字母在一般文献中出现的频率的稳定性和语法连缀关系来进行。一般情况下，单表密码易于被破译。

为解决易于被破译的问题，人们发明了多表密码体制。所谓多表就是对同一明文加密时使用的代替表不断变换，相当于同时使用多个密表。一般地说，多表可使文字的频率特征消失，即增大了破译难度。

最早提出多表密码的是15世纪意大利建筑学家艾伯蒂(L. B. Alberli，1404年生)，他提出了一个著名的“密码圆盘”——艾伯蒂盘的加密方法。

此加密方法要求通信双方各有相同的艾伯蒂圆盘——即两个铜制的圆盘，一大一小，大的称为定盘，小的称为动盘，两盘同心，因而小盘可在大盘上转动。两盘各按图划分区域，写上不同的字母。其使用方法如下：

先在动盘上约定一个指标码，比如k，加密方法为：把k对准外圈(定盘)上的一个字母D(可任选)，则把大写字母D写为密文的第一个字母，以此通知对方定盘的这个位置。然后以定盘上的字母表示明文，而以动盘上的相应字母表示出密文。这相当一个单表密码。艾伯蒂的关键做法在于，如上加密了几个字母之后，则再转动盘，使k对准外圈上的另一个字母,如 P,再在密文中写下大写的 P,则从这一点起,就按 k-P 对应加密了。这相当于又引用了一个单表密码。加密几个字后再转动,又引入新的单表密码。所以这些单表结合起来,就形成了多表密码体制。

多表代替使得语言的统计特性被破坏,可以较好地对通信进行保密,但由于数学方法的引入,人们对多表代替的破译能力得到提高,这要求用更多的表,而这使得通信者本身在加密和脱密中感到工作困难,这一困难迫切地要求把密码机械化。艾伯蒂的圆盘已有些机械体制的意思了,在这基础上就正式形成了机械密码体制。

一种较早采用而又影响深远的机械密码体制是所谓的“转轮密码机”,它是美国政治家杰弗逊(T. Jefferson)于 19 世纪末发明的。转轮密码机的制造和使用都很方便,却很难破译,所以直到现在,美国陆军还在使用。

转轮密码机的制作方法是:

把一段直径为 2 英寸(1 英寸 =0.025 米)、长 6 英寸的圆筒(最初是圆柱状木头)安在一个轴上,把圆筒表面分为26等份(先把其两侧的圆周分为26等份,再用平行线把两圆周上的对应分点联结起来),然后将圆筒切成36个等高的小圆筒,每个小圆筒的表面都被分成了26份,这些小圆筒就是转轮。每个转轮都可绕公共轴(即最初安装圆筒时的轴)独立地自由转动,而且每个转轮都可以方便从轴上取下和装上。为36个转轮编号(从1号到36号),并在每一个转轮上划出的26份上各写一个字母(不按拉丁字母原来的顺序,要乱序),而且使任何两个转轮上所写的字母顺序都不相同。

其使用方法是:

先给定36个转轮的一个顺序,如2,3,1,5,7,…编号的转轮则按此顺序装在轴上,使之初步固定;固定了顺序的小轮可自由转动。按下述操作加密"good morning":

(1)转动放在第1位置(按上述编号为2)的轮子将字母g放好;

(2)转动第2位置的轮子,使其上的字母o置于(1)中的g的一侧;

(3)转动第3位置的轮子,使其上的字母o置于

(2)中的 o 的一侧;

(4)转动第 4 位置的轮子,使其上的字母 d 置于(3)中的 o 的一侧;

……

依此类推,直到明文的每个字母都排列在一条直线上。将转轮固定,这时可以看出,圆筒上的其他 25 行中的任何一行字母都是毫无规则地排列着,因而不表示任何意义。在这 25 行中,任意选定一行抄下来发送给接收者,接收者收到后,取出相同的转轮机,先排列轮子(要按与发报者同样的顺序,这一点可以事先约定),然后按收到的字母序列排列轮子,并把它们固定,最后观察其他 25 行,定可发现有一行提供了有意义的信息——“good morning”,而其他行都无意义。于是得出了明文。

如果传递一个长的信息,可先将信息分组,每 36 个字母一组,分组按上述方式发送,还可以每发送一组 36 个字母,改变一下轮的顺序,那就更难破译了。实际上,轮子在轴上的排列次序就是密钥,当组成圆筒的每个轮子上的各字母序列固定不变时,只要改变轮子在轴上的排列次序就可产生无穷无尽的密钥

供通信者使用。36 个轮子总共可以产生的密钥数目有

$$
\begin{aligned}
&36!\\
&=36\times35\times34\times\cdots\times3\times2\times1\\
&=371\,993\,326\,789\,901\,217\,467\,999\,448\,150\,835\,200\,000\,000\\
&\approx3.7\times10^{41}
\end{aligned}
$$

当然,转轮不一定用36 个,原则上任何数量的转轮都可以,但至少要用 2 个。

2. 密码战例

密码的采用对战争情报的获取和传输具有重要作用,而无线电报的发明和采用,使密码的编订和破译成了十分重要的战术、战役直至战略上的课题。由于无线电报的应用,通信有了迅捷的工具,同时使通信具有了“公开”的性质——任何人,只要拥有一台收报机,了解了波长即可实现直接地获得通信方的资料。即使不了解波长,进行多波长监听也是十分有效的。由此以来,无线电通信的保密完全依赖于密码,密码破译则成了获取情报的最佳方式之一。

例 1 齐默尔曼电报。

这一电报的破译,促使美国参加了第一次世界

大战,因而决定了协约国的胜利。

1917 年初,欧洲战事进入胶着状态,双方都已精疲力竭,伤亡惨重,但仍看不到任何胜利的希望。德国最后把希望寄托在“潜艇战”上,试图用潜艇来封锁英国,但无限制的潜艇战必然涉及美国的利益。在当时,已发生了德国潜艇击沉美国邮船的事件,虽然英法都敦促美国参战以战胜同盟国,但靠“他使我们免于战争”这一口号当选的威尔逊总统却希望美国保持中立,不过在英国的压力下,威尔逊政府也表示,如果德国进行无限制的潜艇战,美国就会同德国断交。在当时的情况下,德国极不希望与美国交手,否则战争双方的力量就会失衡,但又不想放弃自己寄予愿望的潜艇战,无奈之下,想到了利用墨西哥来牵制美国的方法。

墨西哥,此时可以说与美国有“不共戴天”之仇。美国曾从墨西哥手中夺取了相当于其国面积一半的土地,如德克萨斯、上加利福尼亚、新墨西哥、亚利桑那、内华达、犹他等州都取自于墨西哥。

1917 年 1 月 16 日,德国外交部部长齐默尔曼发电报给德国驻墨西哥大使埃卡特,向他就利用墨西哥牵制美国的方式做指示。不幸的是这一电报被英国情报机关截获，经一个多月的努力，他们于2月20日破译了该电报。2月23日，英外交部把电报译文交给美国驻英大使佩奇。次日，佩奇大使把齐默尔曼电报和他的说明发回国内。2月27日，美国国务卿兰辛向总统威尔逊建议通过报纸发表这一电报。3月1日，美国公众在各家晨报的头版头条看到了这则德国人反对他们的祖国的阴谋：

我们打算在2月1日开始无限制的潜艇战。尽管如此，我们将竭力使美国保持中立。如果不能使美国保持中立，我们就根据下列条件向墨西哥提出缔结同盟的建议：

战争在一起，和平在一起，慷慨的财政援助，我方谅解墨西哥要收回在德克萨斯州、新墨西哥州和亚利桑那州的失地。具体条件留给你去解决。

一旦同美国交战成定局，望你以最秘密的方式将前述建议通知(墨西哥)总统，并请他主动邀请日本立即加入同盟，同时，提议利用我们在谈判之间与日本斡旋。

请总统注意这样的事实：我们的冷酷的潜水艇战可以令英国在几个月后求和。

齐默尔曼

这无异于一颗重磅炸弹，在美国引起轩然大波。美国人猛然发现，战争就在他们身边了。很快舆论就明朗化了，三个月前还信誓旦旦地说过“把这个国家引入战争就是犯罪”的威尔逊总统，这时则举起“公道比和平更宝贵”的旗帜。4月2日，国会正式接受了已经强加于它的交战国状态。美国参战了，胜利的天平一下子倒向了协约国一方。

例2 雷马奇战役。

1918年春天，美国的参战使德军处境艰难，但俄国的退出战争则使德国在西线集结了更多的军队。对德国人来说，如果这个春天不能取胜就永远不会取胜了，于是他们进行了最后的孤注一掷的进攻，为此，还要更换了新的密码。

协约国十分清楚德军将发动一场春季攻势，更换密码即是准备的征兆之一。法军组织了一批最优秀的专家来破译这一新密码，但是困难重重。

3 月 21 日晨,6 000 门大炮用这次战争中从未有过的猛烈炮火向松姆地区的协约国战线开火。炮火持续 5 小时之久,接着 62 个师的德军在一条 40 英里(1 英里 =1 609.344 米)宽的战线上压过来。这次袭击突如其来,英法联军狼狈后撤,一直退到亚眠才重新集结部队,挡住了德军的进攻。6 月 1 日,德军的突袭战术又一次重演,15 个师的德军突然向塞明德达梅斯进攻,一直挺进到离巴黎只有 30 英里的敌方。协约国连吃败仗,他们深深地认识到,如果再受到一次突袭,他们只好投降了。

6 月 2 日,法国情报部门破译了德国的密码。6 月 3 日,利用此法破译出德军总司令部发给驻雷马奇的德军第 18 集团军的电报,电文如下:

速运军需弹药,如不被发现,日间也运。

法军依此断定,德军将在近日内向雷马奇方向进攻,于是英法联军做好了准备。6 月 9 日,德军发起进攻,直接钻入英法联军精心设计的“口袋”,结果德军第 18 集团军几乎全军覆没。其后,协约国大举反攻,德国终于不支而投降了。

2."哑谜"机与反"哑谜"传奇

既然在第一次世界大战中,密码破译起了如此巨大的作用,战后各国在备战中都十分重视密码的研究,因此,编码技术和破译技术都得到迅速的发展,密码学开始成为真正的科学。

由于受到当时风靡世界的电动式计算机的影响,一战后的密码多由机械体制产生,其中最集中的表现是一种电力驱动的"转轮体制"。它采用多个转轮,每一个轮相当于一个以某数为周期的推移序密钥的多表代替。如果几个转轮不同步,就能产生出很多密码表来。例如,如果周期为26(英文26个字母),则一个转轮相当于一个周期为26的推移序密钥多表代替,两个轮转就可产生676(26×26)个周期的多表代替,加上第三个轮转,周期增加到17 576,以下分别以456 976和11 881 376为周期,依此类推……这一体制使"统计分析"破译法成为不可能。当时的英、法、美、德都研制并使用了这种转轮体制的密码机。

德国人用的密码机最先是由荷兰人科赫发明的，他在1919年取得了一个“密写机”专利，但是他并没有造出机器来，而是把他的专利卖给了一位德国工程师舍尔比乌斯。后者按科赫专利加以改进制成了一台密码机，并按当时一部书《谜语的变化》中的阐述，把这部机器称为“哑谜”。舍氏组织了公司经营他的机器，并于1923年在万国邮政联盟的大会上展出。1924年，德国邮电部用“哑谜”机与国会互致贺词，这可能是当时这种机器唯一的一次正式使用，不过这部机器倒是登上过美国《无线电新闻》杂志。由于销售无望，舍尔比乌斯的公司宣告破产，资产于1934年转让给另一家德国公司。同时，希特勒已开始重新武装德国，密码机也在重新装备的范围之中。情报部门做了大量调查研究和实验，最终选定了“哑谜”机为主要密码机。经改进后的“哑谜”机轻便可靠，易于使用但难于破译。德国人认定，当时最先进的分析技术也无法破译此密码机编出的密码。更重要的是，敌人得到机器与否并不十分重要，因为不知每天变化的编码程序，还是无法破译密码的。于是,经改进后的“哑谜”机成为德国三军部队的重要装备。这种机器的大小和重量都相当于一台标准打字机。

在第一次世界大战的硝烟还没有散尽的情况下,希特勒的疯狂备战引起了许多欧洲国家的警惕,指向德军的密码侦察行动很早就拉开了序幕。

最先有突破的是法国人,他们是通过一个德国叛国者实现的。1937 年夏天,一个德国人找到法国驻瑞士大使馆,自称是德国密码总局的军官,可以向法国提供德国密码,特别是“哑谜”机的秘密。经过短暂的犹豫后,法国情报部门决定不放过这个千载难逢的机会,与这位后来被称为“来源 D”的德国军官建立了联系。“来源 D”提供了“哑谜”机的使用说明书和一个密码本,如果此后“来源 D”仍能不断地提供德国人变换编码的情报,法国人就能破译一些“哑谜”机的密文。

英国则通过另一种方式向“哑谜”冲击,由英国情报局长孟席斯亲自抓这一工作。1938 年 7 月,他收到一份情报,这或许是第二次世界大战情报收集工作中最重大的一份情报。它来自英国情报局驻布拉格特派员吉布森。后者报告说,他日前去华沙,通过波兰情报机关遇到一个德国籍犹太人,这个犹太人提出要把他所知道的关于“哑谜”机的情报卖给英国人。这个名叫莱温斯基的犹太人在柏林的一家生产“哑谜”机的工厂里任工程师,在希特勒的排犹行动中被驱逐出境,辗转来到波兰,自然受到波兰情报机关的注意。吉布森与莱温斯基见了面,莱温斯基说他能复制出“哑谜”机,要价是一万英镑、英国护照及夫妻二人在法国的居留权。

孟席斯被这一情报弄得既兴奋又紧张:欧洲正在走向战争,希特勒已经吞并了奥地利,又在觊觎捷克斯洛伐克,与英法的冲突是早晚的事,因此,关于德国的情报比什么都重要,尤其是关于“哑谜”机,英国人虽不惜工本,但收效甚微,破译工作毫无进展,现在真是天赐良机,作为情报机关首脑,孟席斯怎能不兴奋！但如此重要的人物怎会被德国驱逐出境?这个家伙怎么又要英国护照,却在法国居住?这该不是那个老奸巨猾的德国安全局长舒伦堡的圈套吧?孟席斯在他手里吃过大亏,又怎能不紧张呢?思量再三,孟席斯最后决定要对莱温斯基做些调查考证工作。

派谁去呢?

首选人物当然是海军情报局的诺克斯,他是情报老手,也是密码专家,曾参与破译著名的“齐默尔曼电报”。但他近年一直做情报工作,对密码机的今日进展未必熟知,要派一个这方面的专家帮助他。谁可胜此重任?孟席斯猛地想起剑桥一位计算理论的专家——图灵。还有比他更合适的人选吗?

几天后,图灵到情报局报到——他是不会放弃利用专业特长为国家效力的机会的。第一个任务就是与诺克斯去波兰,于是出现了本回开头我们描述的场景。其实,吉布森扮成旅游的喂鸽人,负责监视莱温斯基有没有“尾巴”,会见是事前用电话通知莱温斯基的。

莱温斯基在法国定居下来,在英国情报人员的支持下,“哑谜”模拟机很快被造出来。它只有一台打字机的大小,接着两台电动打字机。密码员如要把明文讯号变成一个密文,他需要做的只是查一查密码本,选择当天这个时间,这个月的那一天和这个季度的那个月应该按的键,在左边的打字机上打上明文,右边的打字机就打出密文;当收到密文时,在同样的"哑谜"机上按下相应的键,在左边打字机上打上密文,右边打字机就输出译出的明文。

诺克斯和图灵立即明白德国人对敌方是否得到"哑谜"机并不在乎的原因了:单是月、日、时所按键位(即所谓"编码程序")就能产生几乎是无数的密本,而且这种月、日、时的键位是每天更换的(另用一个程序表更换)。的确,以传统的统计分析方法无法破译"哑谜"机密码。

波兰人的密码情报工作也取得很大进展。他们竟然弄到一台真正的"哑谜"机——是舍尔比乌斯当年卖出的少量机器之一。按此机器的机构,当时十分强大的波兰数学学派运用最新数学成果(如泛函分析等)对"哑谜"机密码进行数学解析,也取得些许进展,能读懂密文的片断。当战争的乌云越来越浓时,三国的情报人员进行了合作。波兰人把真正的"哑谜"机交给英国人,与莱温斯基仿制的机器相对照,证实了莱温斯基是可信的。怎么办呢?

英国人研究的结果是:法国人依赖敌方叛徒的做法是很危险的,一是无稳定来源,二是易于暴露,而一旦暴露,后果不堪设想;波兰人依赖顽强的数学分析取得结果的方式对于瞬息万变的军事情报太慢了,远不能满足现实的需要。因此,英国人认为,必须发挥图灵等人的“计算机”理论优势——按通用图灵机理论,存在一种通用机,可计算出一切图灵机可计算的函数——真正研制出一部通用机来,用它算出“哑谜”机的每种变换,从而由密文还原出明文。

为达此目的,英国情报部门专门征召图灵到“外交部通讯处”工作,并在离伦敦不远的白金汉郡布莱奇利庄园建立专门的研制机构,对内称为“密码学校”,对外则严加保密,其官方地址为“伦敦,白厅,外交部47号房间”。保密工作做得如此之好,以至于战后好多年,当地人也不知道这一庄园在战时曾起过这么大的作用!

研制工作开始了,它所面临的第一个问题就是绝不能让德国人知道有人在研究他们的密码,否则,只要他们一换密码机,就会使一切努力付诸东流,因此最关键的是不能使德国人找到任何一点蛛丝马迹。为此,英、法、波三国的有关情报人员于1939年1月9日举行的会议上决定,由于波兰和法国都与德国接壤,可能会在德国人的突袭中失密,因而,一切关于“哑谜”机的文件、实物和人员都应集中到英国。接着,在华沙附近举行的另一次三方会议上,波兰人将他们关于“哑谜”的一切材料交给英方,这些材料在严密戒备的情况下被护送到布莱奇利庄园。事实证明,这是极其英明的:一个月后,德国闪击波兰并迅速占领整个波兰。此时,英方已带领同“哑谜”有关的所有情报人员与英国军事代表团以及波军总参谋部,穿越边界进入罗马尼亚,并到达法国。否则,德国人肯定会发现“哑谜”正在受到冲击。而在1940年初,古里德安的坦克刚进入法国领土,英法迅速组织了包括莱温斯基在内的所有有关人员和材料撤入英国,这同样是具有远见卓识的举措,这为胜利奠定了基础。

图灵很快就适应了新工作,实际上,这正是他原来工作的继续——原来主要是理论探索,现在开始实际的研制了。要研制的其实是一个可求出“哑谜”机的各种状态的一种专用计算机,对它赋以“密文”值则可输出明文作为结果。由于图灵等人的艰苦努力,这一机器终于被制造出来了,它是以继电器为主要元件的计算机,人们称之为“炸弹”,这一名称可能来自这样的一个黑色幽默:如果这台机器的秘密泄露到德国人那里去,德国人会毫不客气地以一次闪电式的轰炸作为回答。

图灵在布莱奇利负责一个部门的工作,通常称这为“8 号房”。他的副手是英国象棋冠军亚历山大,还有几位数学家,4 位语言学家和 100 名从事计算工作的妇女。这个部门做一些复杂的密码分析工作,为“炸弹”的运行编制程序、准备任务等。经过一系列的艰苦努力,到 1940 年的 4 月,实现了真正意义上的突破性进展——开始成功地译出德国空军的“哑谜”密码。当时情报局空军情报处长温特博瑟姆后来对这一突破作了这样的描写:

……正当那个冰冷冬天的酷寒日子逐渐消失,而 4 月初的阳光降临人间的时候,布莱奇利神的使者说话了。孟席斯递给我四张小纸条,每张纸上记载着德国空军的简短电讯。从情报观点来看,这些小纸条除了作为行政上财产登记表上的小小一项外没有什么特殊价值,但是,对于在布莱奇

利庄园从事秘密研究工作的人和孟席斯，

它们却是异常珍贵。奇迹来临了……

尽管这一奇迹还很微弱，在德国闪击法国和英军敦刻尔克的大溃退中尚没能发挥作用，但在接踵而至的不列颠海峡之战中，“炸弹”就起了重要的、无可替代的作用。

1940 年 7 月 2 日，希特勒发布“海狮”作战计划，明确命令入侵英国。德国人的计划是：首先利用德国的空军优势消灭英国皇家空军，然后再用空军消灭占优势的英国皇家海军，最后派陆军在英国登陆。因为要入侵英国就要渡海作战，而若比较海军，德国海军是无法与称霸世界数百年的英国海军较量的，因此产生上述计划。

7 月上旬，战斗打响后，英军以不多的战机总能及时地避开德军的护航战斗机群而直扑德军的轰炸机队，几乎每次都能粉碎敌机的进攻，以自己的极小损失消灭较多的敌机。这里一个决定性的东西就是英国总能及时地了解德国轰炸的目标、出动的飞机数、轰炸机和护航队的会合地点等确切的信息，从而在每次战斗中取得胜利。希特勒确信，英军不足 800

架的飞机不堪德军 2 400 架飞机的一击。但 20 天过去了,德军损失惨重,尤其飞行员的损失(他们在敌空作战,即使跳伞也很难生还;而英军在本土作战,跳伞即可归队)使德军无法忍受。“楔子”就表述了这样的一个小插曲。两个月过去了,顽强的英国空军越战越勇,毫无败象!其中关键的因素就是“炸弹”破译的信息!英方称之为“超级机密”,按最高机密来保守它。

9 月初,恼羞成怒的德国人把 9 月 13 日宣布为“鹰日”,要在这一天出动尽可能多的飞机,一举摧毁英国皇家空军,其潜台词带有孤注一掷的性质:如果“鹰日”成功,就按计划入侵英国,如果失败,就要放弃英国目标了。英国已完全了解了德军的计划,对“鹰日”的部署也一清二楚,德国人却还蒙在鼓里。英国人心里很清楚,只要坚持过这几天就行了——一年中只有这几天的潮汐、月光、气候对于大规模渡海作战有利,而一到 9 月末,秋天的风暴就会席卷英吉利海峡,德国人只能望海兴叹了。由于英军先通过“超级机密”了解到德军的所有部署,所以在 9 月 13 日调动所有的后备力量,顽强抵抗了一天。下午 5

时,英军以损失 27 架飞机的代价击落敌机 95 架,击退了德机的进攻,英国的领空仍然掌握在皇家空军手中!

这之后,德军改变了战术,改为轰炸英国城市,这虽然给英国人民造成了巨大的损失,但对实施“海狮”计划已无关紧要了。由于“超级机密”,英军取得了胜利,这是英方首脑的一个共识。但是紧接着,“超级机密”又面临着一场巨大的考验。

3. 代　　价

孟席斯手持一份密报,慌慌张张地闯进丘吉尔的办公室,要求面见首相,他想起诺克斯刚才向他汇报这份情报时的语调:这涉及诺克斯的家乡,那里有他的妻子和儿女!

10 分钟后,战时内阁紧急会议在首相府的地下作战室召开。即便在战时,这样的紧急会议也不多见。按照丘吉尔首相的指示,孟席斯先宣读了“超级机密”截获的情报:

78 小时之后,就是1940 年11 月14 日夜到15 日晨,德国人将发起“月光奏鸣曲”行动,对英国中部城市考文垂作不间断的轰炸,准备投下“海因克尔Ⅲ”高爆炸弹509 枚,燃烧弹4 500 枚……情报中明确规定了投入作战的飞机数、起飞的机场、计划的航线、预定的战术,甚至还通报了希特勒发动这场作战的原因。

1940 年11 月8 日是希特勒1923 年发动的“啤酒馆暴动”17 周年纪念日。这一天,希特勒特地赶赴慕尼黑的勒文鲍恩啤酒馆发表讲话,但就在希特勒志得意满地离去,其激愤的宣泄尚“余音绕梁”之际,英国空军对慕尼黑发动了空袭,不仅倒霉的啤酒馆成了一堆瓦砾,还同时殉葬了一批死心塌地的纳粹“精英”。希特勒发誓要报复,戈林便提议轰炸考文垂,用5 000 颗炸弹把考文垂从地球上抹掉!

短暂的沉默后,各军种的将军们陆续提出对策。丘吉尔习惯地点燃一支粗大的雪茄,沉思不语。

空军提出:利用几个空军大队在英吉利海峡设防,把德军轰炸机群打散。

防空军提出:立即把所有的机动高射炮开赴考

文垂布防。

民防部队认为：应提前发出警报，疏散居民，转移贵重财产，尽量减少损失。

特种部队则从另一角度考虑：派突击队空降到德军轰炸机的主要飞机场，暗杀德军飞行员。

这时，丘吉尔掐灭了雪茄，站了起来。

"不，先生们，你们都错了！当务之急不是如何保护考文垂，而是怎样保护'超级机密'！"

众人面面相觑，只有孟席斯心领神会，但一想到诺克斯刚才的表情，他真有芒刺在背的感觉。

"考文垂不同于伦敦，战争爆发以来一直没有受到过袭击，我们布防的兵力也不多，是不是正因为如此，戈林才选中了它。如果我们突然采取紧急防卫措施，德国人会不会想到我们了解了他们的意图，转而怀疑'哑谜'的可靠性呢？如果他们更换密码机，从此我们就会变成瞎子、聋子，失去了我们的情报优势！"

"在不久前经历过的海峡保卫战中，诸位想必已了解到情报优势的重要性了。"

那么，首相的意思是……众人凝住目光，屏住呼吸，不愿意从首相嘴里听到那句话，但那句话最终还是说出来了：

“为了保住‘超级机密’，必须牺牲考文垂！”

首相动了感情，眼角有些湿润：“先生们，针对敌方某项军事行动作一个战术决策，用不到召开内阁紧急会议。而今天我们要决定的是，为了整个战略的利益，必须牺牲一座城市。牺牲一座城市，代价是大了些，但与整个英帝国的利益相比，它又算不得什么！”说到这儿，首相禁不住追溯起历史：“从威廉时代起，我们这块国土已有近千年没经过战火了，西班牙和拿破仑的无敌舰队都被埋葬在英吉利海峡。今天，我们面临着生死存亡的抉择。诸位都知道战争中情报的重大作用，为此，我认为，除正常防卫外不对考文垂作任何特殊安排，就像我们什么也不知道。我相信，当胜利那一天来到，人们会理解我们的。”

考文垂，是英国中部的历史名城，距伦敦 90 英里，人口 25 万，市区 12 平方英里。它建城于 1043 年，有闻名世界的圣迈克尔大教堂等一批古建筑，它也是英国飞机和汽车制造中心之一。难道就眼看着它毁于敌手？

孟席斯小心翼翼地问："是否可以秘密撤出一些老人、孩子和伤病员？"

"不！"丘吉尔断然拒绝，"这样会造成混乱，一场无法遏制的混乱，会毁掉'超级机密'！"

时间似乎在会场上冻结了，首相的意志最终征服了众人。内阁作出了似乎是历史上最为悲壮的决议：牺牲一座城市以顾全大局！

1940 年 11 月 14 日夜，月光皎洁，连往日低垂的工业烟尘也看不见了，考文垂沐浴在银白色的月光中。晚上 7 点 5 分，空袭警报齐鸣，5 分钟后，第一批高爆炸弹落了下来，接着是燃烧弹，全城大火……

11 月 15 日上午，丘吉尔首相视察了考文垂：到处是浓烟、烈火，救护车、救火车穿梭不断，紧急调来的士兵在瓦砾堆中搜寻幸存者……

丘吉尔一行停在市中心的圣迈克尔大教堂前。这座教堂奠基于 14 世纪的英王爱德华三世时期，被认为是英格兰最壮观的哥特式建筑，丘吉尔夫妇曾在这里做过礼拜。但现在，教堂已成了一座瓦砾山，考文垂成了一片废墟。

丘吉尔身着风衣，拄着手杖，伫立无言，心情沉重。考文垂市长在向他汇报城市的受损情况，他似乎在听，又似乎什么也没有听到：

“主要街区全部被毁，房屋损失5.7万所，人员死亡554人，受伤5 000余人……”

首相摆摆手，慢慢走到从教堂尖顶上倒下来的巨大的十字架前，默默地站了好一会儿，人们发现，他的眼角闪动着泪花。

“超级机密”没有暴露，德国人还在用着“哑谜”机编密码。接着发生的事证明了丘吉尔的决策是正确的，为保卫“超级机密”牺牲一座城市是值得的。

1940年12月，“超级机密”破译出一个惊人信息：德军停止实施（军事术语叫“无限期推迟”）“海狮”计划，精锐德军包括坦克部队和空军渐次东移。这样的信息越来越多了，丘吉尔和英国才真正松了一口气，丘吉尔当即决定调整工业布局，由以生产防御性武器为主转向以生产进攻性武器为主，虽然不存在立即渡海作战的可能性，但这一决策仍对长远的战局产生了战略性影响。

1941年3月，“超级机密”又译出德军和意军准备向英国地中海舰队进行大规模袭击的信息，译出了进攻的详情，这些情报使得英海军在马潘塔角设伏成功，一举击沉击伤意大利舰多艘，是二战以来英海军的第一次大胜利，保证了英海军在地中海上的制海权。

1941 年 5 月，英海军击沉德国重型战列舰“俾斯麦”号也是“超级机密”的功劳之一。“俾斯麦”号是德军当时最大的战列舰，排水量 5.3 万吨，它的吨位、武器配置超过了英海军的任何一只军舰，其 381 毫米口径的舰炮令人望而生畏。在 5 月 24 日与英军的一场遭遇战中，“俾斯麦”号的头几排舰炮齐射，就把英国最大的战列舰——4.2 万吨的“胡德”号拦腰截断。为了击沉“俾斯麦”号，英海军出动了以几艘航空母舰为主的特混舰队，但“俾斯麦”号总是侥幸逃脱。后来，正是由于“超级机密”破译了其电报才得以找到它。1941 年 5 月 27 日，英海军终于击沉了“俾斯麦”号。

再来看一看北非战场。经过几年的较量，到 1942 年秋，英军已占有绝对优势，其中一个重要的因素就是英国非洲军司令蒙哥马利收到希特勒对德国非洲军的命令有时比德国非洲军司令隆美尔还要快,同样,隆美尔的德军一发电报,英军也立刻了解了它的情况,在这种毫无对称可言的信息优势下,英军有效地切断了德军的地中海补给线,这一切都要归功于“超级机密”!

正是:

希魔疯狂又如何?

技高一筹胜算多。

喜看哑谜破译日,

德意陨落可先说。

欲知“超级机密”的进一步发展,且看下回。

第七回　巨人机辉煌创新绩

诗曰：

啊！让我们怎样描述，

描述我们的生活和我们的战斗！

1942 年，欧洲战局发生了重大的变化，使得交战国对情报的获取更加重视。对英国人来说，一方面，“超级机密”显得更加宝贵，要更加经常地使用它的情报；但另一方面，越经常使用，就越增加暴露它的机会，而一旦暴露，德国一定会更换密码机，那么后果就不堪设想。所以在使用情报时，英方有一个重要的原则：确保“超级机密”不暴露，受些损失也在所不惜。但现在，战局的发展已不允许这种考虑了，因为几乎每项战事都关系到国家的生死存亡。

1. 战局的发展

1942 年,欧洲战局的变化,首先表现在大西洋战场和苏联战场上。

1. 大西洋之战

英国是一个岛国,是一个资源匮乏的国家,英国又是法国沦陷后,西欧抗击德意法西斯的主力。德国在“海狮”计划失败后,又重新祭起一战时“绞杀战”的亡灵,试图从海上封锁英国。1940 年,邓尼茨提出一个“吨位战”的理论:盟国造船业每月可有 70 万吨位新船下水,如果德军潜艇每月能击沉 70 万吨位以上的盟国船只,那么盟国将无船运输,绞杀战就打赢了。

1939 年 9 月,欧洲战事正式爆发时,邓尼茨手中仅有 57 艘作战潜艇,他面对的则是数千万吨位的盟国商船和几百万吨位的战舰。人们并没有理会邓尼茨“吨位战”的叫嚣,而且,英军舰艇还可以封锁波罗的海出口,堵住德军潜艇,不让它们进入大西洋。但是到了1940年,人们就不得不重视这个一战时的德国潜艇艇长,现任潜艇部队司令邓尼茨了。1940年夏,德军闪击法国成功,占领了整个法国西海岸,大西洋向德军潜艇打开,英国海军无从封锁,德潜艇可以从比斯开湾直航大西洋,提高了作战效率。到1940年底,已击沉盟军商船471艘,吨位达218.6万,英国感到了德国绞索的压力。

英军拼命反击,采取了加强护航、改进深水炸弹等一系列措施。到1941年下半年,局势有所好转,英军稍微扼制了德军潜艇的狂潮,使1941年盟军的损失与1940年持平,为432艘船,共217.2万吨位,其中,90%是被潜艇击沉的。

1942年,在苏联战场和北非战场备受损失的德军加大了潜艇战的力度。新升任海军司令的邓尼茨不遗余力实施吨位战,努力提高潜艇战的力度和规模,致使其作战潜艇成倍增加,此时已达300艘,并派遣潜艇补给船到北美沿海活动。这使盟军的损失扶摇直上。整个1942年,损失商船1 160艘,共628.6万吨位。1943年,潜艇狂潮更加严重,仅3月份,盟军的损失已突破60万吨位大关，离邓尼茨70万吨位多目标已经不远了。大西洋告急！

2. 北海之战

1941年6月22日，德国开始实施“巴巴罗萨”作战计划，向苏联发动了突然袭击。第二次世界大战掀起新的高潮，世界反法西斯力量开始联合起来。由于种种原因，苏联一时处于困难的境地，大量飞机、坦克等军事装备和有生力量在西部边境遭到重创。德军长驱直入，9月包围列宁格勒，11月打到莫斯科城下。世界人民关注苏联战场，在德国闪击苏联的当天，英国首相丘吉尔就发表演说，表示坚决支持苏联的反法西斯战争。其实，这种帮助早就开始了——当年3月，英国的“超级机密”已经破译了“巴巴罗萨”计划的要点并提供给苏联，但因为种种原因被忽视了。

1941年8月，应苏联政府的要求，英国组织了第一支护航船队，沿北海—北极航线给苏联运去了15架战斗机。这点飞机对于苏联的4 000千米战线来说，连“杯水车薪”都谈不上。由于这次行动未被德国人发现，于是英美决定正式开辟北海航线对苏联进行军事援助。他们决定由冰岛发船,回航空船也到冰岛集结。东航船队编号称 PQ,西行则称 QP。为防止德军袭击,每个船队安排海军舰艇护航。

1941 年 9 月 28 日,由 14 艘商船和 1 艘重型巡洋舰组成的 QP-1 船队由苏联阿尔汉格尔斯克西行。次日,PQ-1 在冰岛解缆,3 艘军舰保护着 10 艘商船向苏联驶去。两支船队均安全到达,无一损失,北海航线正式开通。战时盟国共有 4 条援苏通道:由太平洋水路向苏联远东地区;由伊朗向苏联高加索地区;经中国向苏联中亚地区;北海航线。其中以北海航线为最短,它运送了援苏物资的四分之一。

德国人没有顾及的小小的北海航线,恰恰大大的支援了苏军——到 1941 年底,共有 7 支护航队到达苏联,运去 750 辆坦克、800 架战斗机、1 400 辆卡车和 10 万吨军火。

1942 年春,德国在莫斯科城下大败,此时才开始注意到援苏物资,并决心切断北海航线。德军调集潜艇、水面舰艇、飞机等协力打击护航队。如果说 1942 年初的 PQ-9,PQ-10,PQ-11,PQ-12 及 QP-8 船队经过血战勉强到达目的地的话,PQ-13 和 QP-9,

QP-10就没那么幸运了，在德军飞机、潜艇的夹攻下，损失了四分之一的船只。PQ-14 的大部船只被迫折回。4 月末，PQ-14 和 QP-11 船队同时对开，英、美、苏共出动 51 艘舰艇护航，仍损失 4 艘商船和 3 艘战舰，其中英国巡洋舰“爱丁堡”号中弹沉没，舰上满载的苏联用来支付军火费用的黄金也随之沉入海底。直到 40 多年之后，这些黄金才被打捞上来。QP-16 损失 7 艘船。最惨的是 PQ-17，共 40 艘商船，最后只有 11 艘到达苏联。盟国不得不暂时关闭北海航线。此时德军涌向斯大林格勒，整个南线告急，苏军急需作战物资。

2. 新　机　器

不能说“超级机密”在前述两大战场上没起作用，但可以说没有完全发挥它在制敌先机方面的优势，其中的一个重要原因是英国有一个优先条件：不得暴露情报来源。因此，尽管按“超级机密”的情报动作，也要先搞一点佯动，似乎情报别有来源。例如在马潘塔角海战前,英军已出动设伏,但仍然派大量水上飞机到处“飞”一下,似乎意大利舰队是由它们发现的。在大西洋海战和北海航线护航中,英军更是小心翼翼,因为英海军的密码多次被德军破译:1940 年,在德国确定进攻挪威的计划时,就破译了英海军密码,并按英军保卫挪威的作战计划制定了自己的计划,结果顺利占领挪威。

1941 年初,德国的“埃塔普”号袭击盟军的“大西洋”号并缴获了两本盟国的“商船密本”后,这一破译工作得到了加强,到 1943 年初,德军甚至破译了英军的“德国潜艇情况报告”!

英方在一定程度上意识到自己海军的密码有被破译的可能,于 1941 年初更换过一次,但又被破译,所以在海军中使用“超级机密”格外小心,很少直接使用。但 1942 年的战局已关乎国家生死存亡,到了不顾一切的时候了。英方决定,不再小心翼翼,在海军中直接运用“超级机密”。与此同时,又产生一个新的设想——能否研制一台新的机器,能破译任何密码机而不仅仅是“哑谜”机呢?此一想法一经提出,研制工作立即在布莱奇利展开了。

1942 年，布莱奇利的队伍急剧扩大，直接为“超级机密”服务的人员已超过 6 000 人，不分昼夜地奋战，紧张地思考，使图灵的神经系统紧张到了极点。在大西洋海战达到白热化的那些日日夜夜里，他出现了精神极度疲劳的征兆。例如，他总觉得有人在用他的茶杯，于是就花许多时间，用一条铁链把茶杯锁在墙上，并且使用了只有数学家才能想出来的花样——用了一个密码锁！他的房东抱怨说，图灵经常在家自言自语，一说就是几个小时。上级了解到这一点后，便安排他休息，他就去从事自小就热爱的登山运动。身体稍有恢复后，1942 年 11 月，他又一次去美国，目的是协调研制新的破译机器。1943 年 3 月回国，图灵又全身心地投入到研制新机器的工作中。

首先研制的是一台叫作“海斯·罗宾逊”（用的是一位英国漫画家的名字，这位漫画家喜欢画稀奇古怪的机器的漫画）的机器。它是一台电子机器，采用了数十个电子管，内部采用二进制逻辑运算，使用穿孔纸带控制，并用了才发明不久的光电技术，它的光电阅读器每秒能读 2 000 个字符。这一机器的研制取得了初步的成功。在它与原来的“炸弹”机的基础上，研制新一代破译机的工作开始了。经过研究者们 11 个月的努力，第一台样机终于在 1943 年中制成。机器大约有 1 500 个电子管，由于数量巨大，所以取名“巨人”（colossus）。1943 年 12 月，“巨人”开始正式服役。使用结果表明，它破译密码的速度更快，性能更可靠，可以破译各种密码机的密码，再加上它每秒钟可以阅读 5 000 个字符，军方对此颇为满意。为准备战略反攻，1944 年，上级下达了赶制 10 台“巨人”机的命令，布莱奇利庄园投入更大的热情，赶制新机器并尽可能做一些新的改进。例如，采用了“并行处理”的工作方式——5 个处理器同时运行，每个每秒阅读 5 000 个字符，5 个加起来每小时可阅读 50 千米以上的纸带。这是一种比较先进的处理方法，现代巨型计算机也都采用并行处理法。新的“巨人”机电子管增加到 2 400 个，还安装了 12 个开关和 800 个继电器。“巨人”机采用了存贮程序控制——它是把程序和数据混合编程，然后通过穿孔纸带输入，这使得“巨人”机能够自动运行。

从使用范围来看，“巨人”机是一种专用的密码破译机，而从使用的效果来看，“巨人”机可以破译当时任何一种密码机编制的密码，它又有通用机的特点。“巨人”机很可能是世界上第一台电子计算机，但由于英国的战时保密制度，直到1975年，政府才披露出存在一种“巨人”机的信息。同年，英国公布了“巨人”机的照片。1943年5月，由于“巨人”机研制成功在即，对“超级机密”的保密就不再是必须优先考虑的事了，对德国海军密码破译的结果开始直接用于战场。与此同时，英国海军完成了更换密码的工作。大西洋上的形势顿时逆转：1943年6月至8月，德军击沉盟国的船只仅58艘，共32.3万吨，而德国潜艇却损失了72艘，与德国每月可下水21艘相比，“吨位战”反算到邓尼茨的头上。邓尼茨指示对此进行调查，结果发现其中58艘是飞机击沉的。怎么会出现这种情况？一些德国人对其密码的可靠性表示了怀疑，而由于一些现已无法了解的原因，对这种怀疑引起的调查却得出了“密码是可靠的”的结论。因此，第二次世界大战中，德军始终未更换密码机，只是在加密方法上做了大量的、颇见功力的改进。这样，正如诺曼底登陆成功之后，在法国瑟堡码头上，丘吉尔对孟席斯说的：

“还记得吧，从考文垂之后，我们一直捏着德国人的脉搏打这场战争呀！”

由于图灵在战时的突出表现，在战争胜利后，他获得了大英帝国荣誉勋章（成为一位 O. B. E.，即获大英帝国荣誉勋章的军官）。

战争胜利后的图灵作何打算呢？一首诗表达了他的心情：

我的心在那高原，我的心不在这里。
我的心在那高原，在追赶那些山麂。
我的心在那高原，在追赶那些鹿群。
我的心在那高原，在追赶獐子足迹。
我的心在那高原，无论我身在哪里！

图灵一心向往的“高原”是什么呢？请看下回分解。

第八回　去教职新型 机器勤探索

诗曰

我得重下海去，
去那寂寥的大海和长天。
我要的只是一艘的高高的航船，
一颗星星为我导航；
我只要舵轮的倔强，
海风的歌唱，白帆的震颤；
只要海面上灰蒙蒙的雾霭，
灰蒙蒙的破晓曙光。

战争结束了。

图灵告别了他工作了近7年的外交部。非常有趣的是，在战争已经结束的 1945 年 6 月，图灵终于有机会以外交人员的身份参加了一次外事活动，这是他 7 年外交部工作唯一的一次。

战争结束了。

国家百废待兴，于是迅速地把战时征召来的各方面的专家复员到社会工作中去，并成立"科技文官系统"，以使战时做出特殊贡献的高级科技人员有更多的机会从事科技工作，把他们在战时发展了的科学技术迅速转化为生产力，以促进整个社会的科技发展。

图灵从外交部"复员"以后，剑桥大学作为他的母校，向他提供了一个讲师的职位，但图灵谢绝了，因为经过战时的工作，他的兴趣已完全转到制造计算机方面。还是在战前，图灵就试图研制一台计算机，战时他更参与了两种计算机的研制工作，现在他希望能全力研制一台更好的计算机。这也许是对当年他提出的理论计算机——图灵机概念的一次实际努力的体现吧。

1. ACE 计算机

1945 年,图灵写了一篇文章名为《关于自动电子计算机(ACE)的数学设计说明书》,并把它交给了政府,他随即被录用为泰丁顿(Teddington)国家物理研究所的一名工作人员,并于同年 10 月成为“科技文官系统”的正式成员。在国家物理研究所,图灵的工作是规划 ACE 的逻辑设计。1946 年 11 月,ACE 的研制工作已取得重要进展,当时的国家物理所所长、皇家学会会员查·达尔文爵士在电台广播中宣布了这个重大的科研项目的消息,他说:“这个项目已被形象地称为电脑。很长一段时期以来,数学家们一直致力于为他们的专业找到一个更好的逻辑基础。在这个领域里,约十二年前有一位名叫图灵的剑桥数学家,写了一篇发表在一家数学杂志上的论文,他在那篇论文中以严谨的逻辑推理,推证出可以把一台模拟思维过程的机器想象到什么程度。例如,商店里的先进收纳机,你无论在什么时候输入 2 后再输入2,它就会输出4,而算术机器可以自动干比这复杂得多的事情。这部分并不难,但图灵却着手找出了此种机器必然存在的终极局限。当然,简单几句话是无法把这答案说清楚的,但大致说来是:任何一种能够称之为'根据经验规则来做'的事情,你都可能造一台机器来干。他考虑的是一台理想化的机器,而且当时看起来这机器似乎会复杂到难以想象的地步,以至永远也不可能造出来。但是,在战争期间,无线电和电子管技术方面的巨大进展已经使这种景象有了改观,因为通过复杂的电子线路,人们能够比以前用机械方式所能达到的快无数倍的速度来干许多事情。因而,图灵(现在是我们的同事)目前正向我们表明怎样把他的想法变成现实。我们粗略地估计这台机器进行算术运算的速度可能比一位计算员快一百倍,而且这当然还意味着它能实际进行人所不能的各种运算。这台机器将有许多不同的组成部分,例如有做加法或乘法的线路,有能够向它们发出如下指令的部分:选择一个数,然后按规定的一套运算对它进行处理,如果答案大于7,返回并用一个新试验数重新进行运算,但如果答案小于7,就进行另一些不同的运算。机器的另一个部分是它的记忆装置(即存储器——引者注),由于机器的工作速度如此之快,以至来不及把答案写下来,所以必须有能够记住许多东西的装置,这样,当后面的运算再次需要它们时可以很方便地得到。就该问题的实践方面而言,美国的研究部门已经做了大量的工作,而且那里已经搞出一台与这些思路甚为相近的计算机,不过那台机器的速度不像我们所希望的那么快,同时它的装置也要复杂得多——那常是首创者必然要付出的代价。"

当时,在美国已研制成功后来被称之为世界上第一台电子计算机的"电子数字积分和计算机"(ENIAC),其重约30吨,占地170平方米,使用了约18 800个电子管,1 500个继电器,70 000只电阻,以及其他各种电子元件。为了指示运算步骤,机器的接线板上安装了6 000个开关。机器运行每小时耗电150千瓦,产生大量的热。

ENIAC每秒可进行5 000次加法运算,性能可靠,能解决当时的大多数计算问题。它的研制始于1943年5月,终于1946年春,一直被使用到1955

年。它的建成,宣告了一个新的时代——信息时代的到来。

但是,ENIAC 也有其缺点,甚至在它未完工时,其设计者就已意识到了它的缺点,那就是 ENIAC 不像现在的计算机那样用存储于机内的程序来控制机器的运行,而是利用硬件即利用接线板插头和转换开关的连接和断开构成的电路来控制计算过程,即实际上它是用线路连接的方式来实现程序的。因而每当要转入一个新的计算时,都要重新连接线路,有时仅仅为几分钟或十几分钟的计算,就要花费几个小时甚至几天时间(试想一下,6 000 个开关!)来做线路准备,即"输入一个程序"。这是一个致命的弱点。另一个弱点则是它的存储量太小,至多只能存 20 个 10 位的 10 进制数。

这两个弱点是相互关联的:如果有较大的存储量(现称为内存),就可以用来存储计算程序。ENIAC 的设计者认识到这一点,但没有突破。由于这两个弱点,ENIAC 不能自动进行计算,而图灵设计的 ACE 则是具有存储程序的自动计算机。

正如 ENIAC 的设计者不知道"巨人"机一样,在图灵1945年提出ACE方案时,也不知道即将研制成功的ENIAC。这大概出于战时保密需要,又出于同行竞争的需要。

应该指出的是,1945年初,ENIAC的设计者冯·诺伊曼(J. Von Neumann)、莫奇利(J. Mauchly)等人提出了著名的“离散变量自动电子计算机”(EDVAC)方案,提出了关于存储程序控制计算机的总体设想,并指出这种计算机应由计算器、控制器、存储器及输入、输出设备五部分组成(后来形成了左右电子计算机设计40余年的所谓“冯·诺伊曼方式”)。但他们却没有做进一步的结构设计。图灵的ACE设计说明书中最先提出了存储程序控制计算机的结构设计,这在当时是极先进的设计思想。

一个科技史上十分有趣的争议是:谁是存储程序控制的最早提出人?有人说是冯·诺伊曼,有人说是莫奇利,也有人说是图灵。这一点当时没有搞清,现在就更难了,但有一点是肯定的,那就是图灵是第一个用文字表述了存储程序控制概念的人,并且他还是第一个依此概念设计出计算机的人。

在图灵做出计算机的整体逻辑设计后,首先制成的是一个称为"ACE 样机"(Pilot ACE)的工作模型机。1950 年秋天,研究人员对它的性能做了公开的演示,当时的《泰晤士报》(1950 年 11 月 30 日)做了报道:"ACE 计算机本身将在以后制造,而今天在此演示的模型机一点儿也不亚于一台完整的电子计算机,它被称为世界上最快最强有力的计算装置之一……它在一刻钟所能完成的计算若用手算(如果这是可能的话)将会写满 50 万张大号纸。"

ACE 样机的脉冲主频达每秒一百万次,而 30 年后(1977 年)开发出的个人计算机 Apple Ⅱ 的主频也是每秒一百万次,从计算机产业真正的"一日千里"的发展来看,ACE 机当时是非常先进的,《泰晤士报》说它为当时世界上最快的计算机是不过分的。后来,英国电气公司产出了 DEUCE 计算机,它是 ACE 样机的生产型,真正的 ACE 机直到 1958 年才最终制成。

由于 ACE 机的研制工作进展缓慢,也由于图灵更想做计算机的工程方面而不是所里交给他的逻辑方面的工作,所以他觉得,逻辑设计完成后,他待在物理研究所是浪费时间,于是请了一年的假(当时,英国的大学每7年给予教师一次休假年，国家物理研究所按大学行事，所以也有休假年)。准假后，图灵回到剑桥大学国王学院度假——他仍是国王学院的院士。

在国王学院，他继续进行数学基础的研究和计算方法的探讨，他先后写出《矩阵方法的舍入误差》和《类型论的实用形式》两篇论文，前者是关于计算方法的，后者是关于数学基础的。两文都于1948年发表。在数学和电子计算机研制方面取得巨大成就的同时，他开始了对心理学和生理学的钻研。也许是图灵少年时对大自然的热爱，对生物形态的观察(“观察雏菊生长”的诗还记得吗?)这时又回到他的心中吧，他在剑桥的一年不仅听生理学方面的高级课程，而且也听生物学的基础课。

一位院士来听基础课当然引起学生们的注意，一位当时二年级的学生，有机会与图灵共同听课并讨论问题的马修斯这样评价图灵:“令人耳目一新的看法，某些使讲课老师都感到迷惑不解的东西对他来说却很清楚，然而许多生物学上的简单东西却令他感到困惑，因为缺乏任何物理解释。”这表现出数学家与生物学家思考问题的方法的不同。马修斯被图灵研究生物学的方法所吸引，因为图灵时常用数学符号来表达自己的思考。为生物学现象找一种物理上的解释，并采用数学方法来实现这一点，可以说是图灵此时产生的一种愿望吧。后来，他在生物形态形成的化学理论研究中实现了他的愿望。

1948 年 5 月，图灵结束休假，回到国家物理研究所。由于他认为 ACE 机的进展仍与他的期望相距甚远，于是就向“科技文官系统”提交了辞呈，辞去国家物理研究所的工作。

2. Madam 计算机

图灵辞去国家物理研究所的工作后接受了曼彻斯特大学高级讲师的职务，并被任命为一个“Madam”[①]计算机项目的主任助理，其任务是主持这一项

---

① 曼彻斯特自动数字计算机（Manchester Automatic Digital Machine）的缩写。

目中数学方面的工作。

在曼彻斯特,图灵首先进行的是“子程序”的设计工作,这台机器所需要的较大程序就是由这些子程序构成的。这种工作标准化之后,他又对数值分析方面更通用性的问题进行研究。应该说,“子程序”是图灵的一项重大成果。

前面指出过程序(即算法)就是计算机操作指令的集合,而这些指令在集合中是按适当的顺序排列起来的,计算机将严格按指令操作。在使用计算机时,首先要把程序存放于计算机的主存储器中,当执行时,控制器从主存储器中逐条取出(程序规定的顺序)已被装入的程序指令,进行译码——把它变成电信号,一步一步控制机器运作,直到程序执行完毕,得出结果。因而要使用计算机,就要先有程序,所以程序的编制就是计算机事业的一项十分重要的工作。有关程序等使用技术被称为计算机的软件,机器本身被称为硬件,它们对计算机来说是缺一不可的。由于编制程序一般都是手工操作,比起可自动化生产的硬件来说困难更大,因而,怎样加速程序编制过程在电子计算机产生之初就作为一个课题提到了日程上。

图灵提出的“子程序”的程序设计方法是著名的编程技巧之一,后来得到了广泛的应用。子程序的意义在于,在一个程序的几个地方都要做同样处理时,每次都重复编写同样的程序段显然是一种费力不讨好的方法,子程序法就是把一些可能经常要重复用到的程序段取出来单独保存,在每一个需要的地方把它们加入主程序当中。一般是预先把子程序登录在程序库中,用时就从中取出进行自动装备,在主程序中只要指出使用哪个子程序,这个子程序就会自动装配到主程序中。用这种方法,可以达到不同的程序共用同一个子程序的目的,既可节省编程的劳动和时间,又可减少发生错误的机会。后来,子程序技术称为标准的程序设计技术之一,图灵的开创之功是不可磨灭的。

在1950年编写并出版的《曼彻斯特电子计算机程序员手册》中,图灵从理论上阐述了“子程序”编程的问题,并且证明了一个子程序的正确性。值得注意的是,他所采用的证明方法就是现在人们经常采用的“归纳断言法”,遗憾的是,图灵的结果未受到足够的重视，直到诺尔（P. Naur）和弗洛伊德（E. F. Floyd）分别于1963年和1966年又各自独立地提出了这种方法之后，“归纳断言法”才受到普遍的重视和采用。

图灵在研制Madam计算机的同时，还进行大学中的日常教学和研究工作，并开始指导一些博士研究生。1954年，Madam机研制成功，人们认为，它是当时存储容量（内存）和计算速度两方面都具有“世界之最”称号的计算机。因为图灵在Madam计算机设计中的出色表现，获准制造Madam计算机生产型的弗兰蒂公司（Ferranti's）聘请图灵担任公司的顾问。

1951年春天，图灵当选为英国皇家学会会员。皇家学会会员纽曼（M. H. A. Newman，英国著名数学家）是他的提名人，而大名鼎鼎的数理逻辑家、哲学家罗素（B. Russell）是附议人。这样，图灵成为从他母亲方面来考虑的家族中的第4个皇家学会会员。听到这个消息，他的母校——伦敦舍本公学又放假半天以示庆祝，这种不同寻常的方式在图灵身上已表达了两次，表明舍本公学真的认为他是本校最出色的毕业生之一。为此，他的母亲也举办了一个大型晚会，邀请了他们所有的朋友。图灵十分高兴，因为他终于用实际行动回答了许多年前他的母亲向他提出来的问题：他自己是否有可能为科学做出伟大的贡献。他的母亲也十分高兴，因为她自己的教育结出了丰硕的果实。可惜图灵的父亲无法见到如此盛事了——他已于 1947 年病逝。

1952 年，图灵辞去了剑桥大学国王学院院士的职务，他担任该职已达 17 年之久，在这个职务上做出了巨大的科学贡献，可以说，无愧于母校对他的培养。现在，在他已届"不惑之年"时，让位于更年轻的同行可能是更有益的，于是他就这样做了。

正是：

　　我为焦渴的花朵，
　　从河川，从海洋，
　　带来清新的甘霖；
　　我为绿叶披上淡淡的凉荫，
　　当它们歇息在午睡的梦境。

欲知图灵后来的工作，请看下回。

第九回　行离别人工智能作先驱

诗曰：

哦世界！哦人生！哦时间！
我正攀登最后的阶梯，
“战栗着”回顾往昔，
我们的青春何等绚丽！
时光不再，哦，永远不再！

一群旅客来到一个度假村，受到“服务员”的热情欢迎和极其周到的服务。高兴之余，旅客们才惊奇地发现，所有服务员都是机器人——人造的人。许多人极其满意地离去。消息不胫而走，一传十，十传百，更多的人慕名前去旅游，其中不乏政界、军界、经济界、新闻界的名流。这个旅游地因受旅游过的名流的推荐而更加生意兴隆。让人始料未及的是，这个度假村的主人却是一个有着称霸世界野心的狂人，他千方百计吸引各地名流要人到度假村来，然后暗中对他们进行研究，最终制造出和他们一模一样（外形、精神、头脑和身体都一样）的机器人，再把原来的真人杀死，派机器人冒充原来的人。这种机器人虽然与原来的真人一模一样，却听命于度假村主人。后来此事被两位新闻记者识破。这是 20 世纪 80 年代初期风靡世界的美国科幻片《未来世界》的基本情节。这部影片提出了这样一个问题：制造人工的人——主要是人工大脑——有可能吗？其实这也是一个古老的问题，不过是在“人工智能”有所发展的时代里又有了新的含义。似乎只有“人工智能”型的计算机，才能称为“电脑”（电子的脑），这是本书书名的原意，当然也指计算机的俗称。

1.图灵判据

制造人造人的想法人类古已有之，东西方的神话中人都是被“制造”出来的:《圣经》说上帝按自己的样子制造了一个男人,后来又用男人的肋骨制造了一个女人,这就是人类的初祖亚当和夏娃;在中国神话中,人是女娲用泥土制造出来的。既然人自身就是被制造出来的,那么他就不能再制造出新的人了吗?古代人们当然认为那是可行的,许多作品表现出人类对人造人的向往。被称为人类最古老的史诗之一的古希腊荷马的《伊利亚特》中就记载了这样一则故事:火神赫菲斯托斯神通广大,他曾用金子造出几位少女,她们有智慧,能干各种各样的事,如扶他走路(火神是个跛子),帮他打铁等。中国的《列子·汤问》则记载了另一则故事:周穆王西游,路遇一个名叫偃师的匠人,此人把一个能歌善舞的机器人献给穆王。这个机器人的表演甚好,受到穆王的称赞,但有一次演出后,他公然与穆王的几个妃子眉来眼去,穆王大怒,下令杀死了他。制造人,关键在于制造出人的智慧,即人的精神。古人似乎也认识到了这一点,并且也认识到制造智慧或精神的困难。例如《封神榜》中哪吒自杀把身体还给父母后,他的师傅太乙真人就用莲花给哪吒造了一个新的身体,但无法制出哪吒的精神来,只好利用哪吒原来的灵魂，据说是太乙真人把哪吒的灵魂“猛地推到”莲花化身上，才真正完成了人的制造过程。

图灵阐述的通用图灵机的概念指出了用机器取代（或者说进行）人的大脑（精神）的一部分工作的可能性。他参与研制的“炸弹”、“巨人”机实际地实现了这一点，ENIAC 的成功更把这种可能性变成了现实。这种情况下，图灵又是第一位从科学的角度来考察人工智能——机器的智能——的科学家。

1947 年，图灵在一篇名为《智能机器，一种异教徒的理论》的论文中指出，“与人脑的活动方式极为相似的机器是可以制造出来的”。这种机器可以“通过经验来学习”，即可以进行“教育”，受过教育的机器的“存贮内容将会扩展，可能要包括每个重要时刻的机器的内部状态，换句话说，机器将开始记住自己曾有过什么想法……每当必须对下一步行动做出选择时，机器就在适当的索引中查找目前状态的特征和从前在类似状态下所做的选择，其结果（或好或坏）也就被找了出来，这样，机器就相应地做出了选择”。这就是说，机器可以通过学习（人的教育）自己提高能力，从而自己为自己编制程序！学习、编程无疑是人类智能的特点，具有了这两大特点的机器，当然是与人脑的活动方式极为相似的机器了。这其实已提出了自动程序设计的思想。

这篇论文最突出的特点是把数字计算机分为两大类：一类是有组织机，一类是无组织机。其中有组织机包括逻辑机（图灵机）、实际计算机、“纸机器”和随机机器。“用写下一套步骤规则并请人去执行它们的办法来达到一台计算机的效果”，人与写好的指令的结合便叫作一台“纸机器”，实际上把人的手工计算也划进了计算机之中。下面给出机器的分类：

- 机器
  - 活动的
    - 连续的（如推土机）
    - 离散的
  - 控制的
    - 连续的（如模拟式计算机）
    - 离散的（数学计算机）
      - 有组织机
        - 逻辑机（图灵机）
          - 专用
          - 通用
        - 实际计算机
          - 专用
          - 通用
        - 纸机器
        - 随机机器
      - 无组织机（可修改的机器）

最有新意的是他提出的“无组织机”。他指出：“在其构造上很随机的机器将被称为无组织机。”他把无组织机看作类似于人脑的东西。他认为，这种机器既无固定的构造，也无固定的程序，但在外部信号的刺激下能改变自己的行为，即无组织机是可以被组织起来的，是可以学习的。当然，这里的组织或学习只能通过外部信号的刺激来进行——由此可将一台无组织机转变为一台有组织机或通用计算机。

当然，迄今为止，所有用于人工智能研究的计算机都没有超越通用计算机的范畴，都不是无组织机。按现在的计算机设计水平来说，制成图灵所说的无组织机，无论在软件方面还是在硬件方面，都还有相当长的路要走。

1950 年，图灵在《精神》杂志上发表了《计算机与智能》一文，正式提出计算机智能的问题，并对它做了初步的回答。

在该文中图灵是这样开始的："我准备考虑一个问题：机器能思维吗？"接着他指出，这里所涉及的概念太复杂了，易于出现歧义理解而引起争论，因而对它的理解就应当寻找一种更好的方式。图灵提出："寻找一种限定其含义的过程，而非一个定义"。他认为这一方式就包括在他提出的"模拟游戏"——现在我们称之为"图灵测试"之中。

这种游戏需要三个人来玩：一个男人

(A),一个女人(B),以及一个性别不限的询问人(C)。询问人待在一间看不到另外两个人的屋子里。游戏的目的是让询问人确定另外两个人谁是男人谁是女人,他只知道这两个人的代号是X和Y,而游戏结束时他需要说出“X是A,Y是B”或“X是B,Y是A”。询问人可以这样向A和B提问题:

“请X告诉我他或她头发的长度。”

现在假设X实际是A,那A就必须回答。A在游戏中的目的是设法使C做出错误的判断。这样他的回答就可能是:

“我梳的是短发,最长的一绺大约有20厘米。”

为了不让答话的声音给询问人以线索,答案可以写在纸上,要是用打字机就更好了。理想的办法是用电传打字机进行两个屋子之间的通讯,也可以让中间人转述问题和答案。游戏的第三个参加者(B)的目的是帮助询问人,对她来说,最好的策略大概就是提供真实的答案。她可以在答案上加上“我才是那个女的,别听他的话!”或诸如此类的东西。但这于事无补,因为那个男人(A)也可以这样做。

现在我们要问:如果让一台机器在这场游戏中扮演A的角色,那会发生什么情况呢?当游戏这样进行时,询问人做出错误判断的可能性是否和参加游戏的是一男一女时一样大?这些问题实际上就是我们原先的那个“机器能思维吗?”的问题。

这就等于提出一个智能判据:做一个测试,如果测试中一台机器在某些指定的条件下回答问题,并能在一段时间里让提问者分辨不出它是人还是机器,那么就应该认为这台机器是能够思维的。后来这一判据就被称为“图灵判据”。图灵测试的方法如下:

设有测试者A(人)与受试者B和和C(其中一个为人,另一个为机器),三者以障碍物D,E,F两两隔开,使之不能彼此看到。测试者向B,C提出问题,通过二者的回答来判断何者是机器,何者是人。所有A提出的问题和B,C的回答都是通过一种非人格的方式即“接口”(可采用打印机或屏幕等)传递,不允许提问者从任何一方得到除上述回答以外的任何信息。任意更换测试者和作为被测之一的人，只要每一测试者区别对方的准确程度低于50%，就可以认为这台机器是能思维的。

在提出并讨论了上述实验后，图灵指出：

“至于原来那个问题‘机器能思维吗？’，我相信它没有什么意义，不值得讨论。不过，我相信到20世纪末，词的用法和广大受教育者的看法会发生很大的改变，因此那时将可以谈论机器思维而不怕再造成矛盾了。”

的确是这样。虽然之后很长时间一直没有机器能通过“图灵测试”，而且人们对满足了“图灵判据”的机器是否就具有了人的思维（人的智能）还存在争议，但是从那以后，对机器思维的研究就逐渐开展起来，由它开辟的领域称为“人工智能”（Artificial Intelligence，简记为AI），是相对于人的“天然智能”（Natural Intelligence，简记为NI）而言的。

而且人们一直在为人工智能－机器思维进行广泛的研究和认真的努力。例如把图灵判据进一步精确化：如果机器能在5分钟内回答出由人类测试者提出的一系列问题，且其超过30%的回答让测试者误认为是人类所答，则机器就通过测试。例如研制各种各样的计算机程序解决测试中的不可识别的问题。这样的时刻终于到来了：2014 年 6 月 7 日是图灵逝世60 周年纪念日。这一天，在英国皇家学会举行的“2014 图灵测试”大会上，聊天程序“尤金·古斯特曼”（Eugene Goostman）“通过”了图灵测试，这是机器第一次正式通过图灵测试。“尤金”最初是 2001 年由俄罗斯和乌克兰两国的科学家弗拉基米尔·维西罗夫（Vladimir Veselov）、谢尔盖·乌拉森（Sergey Ulasen）和尤金·杰姆琴科（Eugene Demchenko）在俄罗斯圣彼得堡共同开发的，它模拟一个 13 岁的乌克兰男孩。巧合的是 2014 年通过图灵测试时由它开始开发算起正好过了 13 年。

机器通过了图灵测试，但是随着又产生了新的问题，或者不如说回到了原来那个问题上：通过了图灵测试是不是就真的有了人类的智能呢？对此还是有争议，但是此举对人工智能的发展的进一步推动则是不言而喻的。

2. 反对意见

在《计算机与智能》一文发表之后，图灵预见到他的“机器智能”或“机器思维”的观点将遇到来自各个方面的反对，他对可能出现的反对意见做了列举和分析。这里是他列举的9条反对意见，我们只对其中的两条作剖析，因为随着现代计算机科学的发展，其他一些反对意见似乎已自然地解决了。

1°来自神学的反对意见：思维是人不朽的灵魂所具有的特有功能。上帝把不巧的灵魂赐给了每个男人和女人，但没有赐给任何其他动物或机器，因此动物和机器都是不可能思维的。

2°鸵鸟式的反对意见：机器思维的后果将是非常可怕的，让我们希望并且相信它们不能做到吧！

3°数学化的反对意见，后面要专门加以分析。

4°基于意识的论点：除非一台机器能出于自身的思想和情感——而不是指符号的任意组合——写出一首十四行诗或一首协奏曲，否则我们不能同意说机器等于大脑——这就是说它不但要能写出来，而且还要能知道它已经写出来了。没有什么机器能够真正产生下列感觉（而不仅仅是发出人为设置的信号——那是简单的发明）：在它成功时感到愉快，在它的部件受到损伤时感到痛苦，听到奉承话就觉得舒服，犯了错误就觉得悲伤，碰到异性会被吸引，得不到想要的东西就会愤怒或失望。

图灵用了相当大的篇幅来回答这一反对意见，他提供了一段假想的对话：

询问人：你的十四行诗中的第一行是“我怎能把你比作夏天”，为什么不是“春天”呢？那样不是更好吗？

被问者：那样就不符合格律了。

询问人：那么“冬天”怎么样？这符合格律。

被问者：对，但谁也不想被比作冬天。

询问人：提到匹克威克先生，是否会令你想到圣诞节？

被问者：可以这么说吧。

询问人：因为圣诞节是在冬天，所以我想你如果把匹克威克先生比作冬天，他是不会计较的。

被问者：我觉得你不是在严肃地讨论问题。提到冬天，我们总是指冬天的一个一般的日子，而不是指像圣诞节这样特殊的日子。

在引用这段对话之后，图灵反问："如果一台能写十四行诗的机器在口试时能这样回答问题，那上述反对意见的提出者还有什么话说呢？"

5°基于各种缺陷的论点：就算你能造一台机器做到你所提到过的那些事，你也绝不可能造一台能做到 X 的机器。可以提出许多与此相关的 X，如善良、机智、优美、友好、有创造性、有幽默感、区别是非、从经验中学习、成为自己的思考对象等。

6°机器并不自称能创造任何东西，它能做任何我们知道怎样命令它去做的事。

7°基于神经系统连续性的论点：神经系统肯定不是一台离散状态的机器。一个撞击神经系统的神经脉冲强度的信息若是有一点误差，都可能使输出脉冲的大小产生很大差别，因此可以争辩说，由于这个原因，我们不能指望用一个离散状态的系统来模拟神经系统的行为。

8°基于行为非形式化的论点：如果每个人都有一个确定的指导规则集来控制他的生活，那他也就无异于一台机器了，但并不存在这样的规则，因此人也就不可能是机器。

9°基于特异功能的论点：假设我们要进行那种模拟游戏，而两个被问者之一是能接收心灵感应的具有特异功能的人，另一个是数学计算机。询问人可以问这样的问题："我右手里这张扑克牌是什么花色的？"那个人利用特异功能，在400次询问中能说对330次，而那台计算机只能随便地猜测，也许只能说对104次，这样，询问人就能做出正确的判断了。

现在来详细看一下第3种反对意见，即数学化的反对意见。这个反对意见是以"哥德尔定理"为依据的。

哥德尔定理是数理逻辑中的一个著名定理，它是1931年奥地利数学家哥德尔（K. Godel）提出并证明了的。它的内容是：

包含有数论（或说自然数算术）的一致的（无矛盾的）公理化形式系统都包含有不可判定的命题。

就是说，在这样一个形式系统中含有某种在这个系统内既不能证明又不能否定的命题，表明这形式系统是不完全的。要想说清楚这一点，就要回顾一下上一个世纪之交甚至更早些时候的数学基础工作。

现在人们认为，对由数学证明得出的数学理论体系，一个基本的要求是体系的无矛盾性（或叫相容性、一致性），它指的是：数学中证明了的命题，或者说由前提推导出来的命题，都必须是“真”的。

许多年以来，这一点是不言而喻也毫无疑问的，因为在数学中“真”的命题就是被人们规定为前提的命题（公理）和由前提推导出来（证明）的命题。如果推导出矛盾（如果不是推导有误），人们就认为是某个假设有错，于是，这个假设的否定就是“真”的，这就是著名的“反证法”。人们在数学中广泛采用反证法，这说明人们坚信，数学自身是无矛盾的。不仅如此，在相当长的时间里（甚至直到现在），数学还常被用作证明其他科学的某些论题正确与否的依据。

当然，人们有时也“走”到数学理论体系之外，例如，早就提出过这个问题：定理的“真”是由“公理”保证的，那么公理的“真”是从何而来的呢？相当长的一个时期以来，人们的回答是：公理是“自明”的。从现代的认识观点看，这就相当于依赖人们的感性直观。但《几何原本》中的第五公设(平行公理)并不直观,缺少自明性,于是人们就试图证明它,即由其他的几条公设推导出它来。

这个证明持续了2 000年,到了19世纪,人们才发现,用反证法(即从第五公设的反面开始推导)怎么也推导不出矛盾,虽然所得的命题已与人们的直观相去甚远了。在这种情况下,几位数学家几乎同时地认识到——建立起几种否定平行公理的新几何学。这几种几何学会不会包含矛盾?于是,人们提出了证明非欧几何无矛盾性的要求,这可以说是人们第一次从系统外看数学理论,对数学理论体系提出了无矛盾性的要求。本质上来看,就是在数学基础上排除直观。

提出要求就需要证明,这种证明以整个数学理论体系为对象,无法采用通常的证明方法——那些证明方法只适于证明数学体系内的命题为真。人们建立了“解释”的方法,这种方法的具体实施就是在欧氏几何中建立其非欧几何的模型,它满足欧氏几何的所有公理,这样非欧几何便与欧氏几何有了共同的无矛盾性:如果欧氏几何是无矛盾的,那么非欧几何也是无矛盾的;如果非欧几何有矛盾,则欧氏几何也可推出矛盾。这叫“相对无矛盾性”证明。那么,欧氏几何是否真的像人们原来所认为的那样,不会有矛盾呢?这也需要证明,人们继续使用解释法,把欧氏几何的无矛盾性转化为实数理论的无矛盾性。与此同时,分析数学的严格化把微积分理论的无矛盾性也转化为实数理论的无矛盾性。19 世纪 70 年代,人们用有理数定义了实数,紧接着又用自然数定义了有理数。90 年代,用集合论定义了自然数。于是,整个数学的无矛盾性都转化为集合论的无矛盾性了。那么集合论自身的无矛盾性怎么样呢?当时所有人都认为集合论是“清楚明白”的,不会有什么矛盾。于是,数学中的“真”就是在集合论基础上进行的种种推导!

以“清楚明白”作为“真”的基础,实际上是在集合论中把坚持要在数学中排除的直观又从后门放了进来,这在进一步严格化时,又产生了新的问题。

1902 年,英国数学家罗素发现了集合论悖论。根据集合论中的“造集原则”,即给定一个性质就可以构造一个相应的集合,那么下文所构建的集合都是“存在”的。

罗素把所有的集合分为两类:一类集合本身也

是自己的元素,叫“非常集”,如“概念的集合”本身也是概念,“一切集合的集合”本身也是集合;一类集合本身不是自己的元素,叫“平常集”,如“桌子的集合”不是桌子,“自然数的集合”不是自然数。那么“所有的平常集的集合”属于哪一类?如果说它是非常集,那么它包含于自身之中,应该是平常集;如果说它是平常集,那它当然属于自身的集合,那又是非常集了。

1918 年,罗素进一步推出集合论悖论的一个通俗版——理发师悖论:萨维尔村有一个理发师,他规定,他给且只给自己不刮脸的村民刮脸,那么,他自己的脸怎么办?如果他自己刮脸,那么按规定,他就不应自己刮脸;如果他不自己刮脸,那么按规定,他就应自己刮脸。

这样表述的集合论悖论十分简单明确,它表明,集合论中确实存在矛盾。人们多年来一直在数学中追求“真”,结果却发现,作为数学中的真的基础的集合论中竟含有“假”!

这种“基础有假”的发现在数学界引起的震惊和恐慌可以德国数学家弗雷格(G. Frege)在他的著作《算术基本规律》(下)的附记中的话为代表:“使一个

科学家最难堪的事，莫过于当他工作垂成之际，忽然发现自己的理论基础瓦解了。当本书即将付梓之际，罗素先生的一封来信就使我陷入了这样的境地。”

怎样保证数学理论的“真”？怎样在集合论中排除悖论？这不能不成为当时数学界所面临的重要课题之一。罗素自己就提出了一个分支类型论，并按此与怀特海（A. Whitehead）写出《数学原理》一书，建立了命题演算和谓词演算的符号体系。德国数学家策梅罗（E. Zermelo）则提出把公理集合论作为无矛盾的数学基础。这些，都有力地推动了数学基础的研究工作，但并没有达到解决确定不移的“真”的基础的目标。

1922年，希尔伯特（D. Hilbert）提出了一个严格求“真”的方案。他认为，产生悖论的原因是现行数学理论及其所用的逻辑都没有得到精确的表达，易于产生歧义的理解。因而他提出把数学理论形式化，使之成为精确的研究对象，然后再用不超过该数学理论中所用的工具来证明理论的无矛盾性。这种证明思路与前述那种用解释方法作相对无矛盾性证明不同，希尔伯特方案是直接证明每一数学理论的无矛盾性的。

一般是这样进行的:将要研究的普通数学理论 T(是一种直观的有内容的理论,如自然数算术)公理化,并将这一公理化的理论及所用的逻辑都形式化——即表示为一个由形式符号和符号序列组成的形式系统 T_F,称 T_F 为 T 的形式理论(如形式算术系统)。这里符号是严格定义的,而且所用的逻辑也得到确切的形式化处理。进而通过对 T_F 的无矛盾性研究来建立 T 的无矛盾性。

研究 T_F 仍需要逻辑和数学理论(如算术),希尔伯特提出以"有穷方法"建立关于 T_F 的逻辑和算术。为什么要用有穷方法呢?那就是数学中产生矛盾的问题,本质上都是由实无穷(已经完成了的无穷,反证法即依于此)引起的,经典的逻辑演算也假定了实无穷,因此如果仍然用实无穷的思想方法或工具去论证数学的无矛盾性,就是一种循环论证。为此,应以"有穷方法"(如构造性方法,不用反证法)建立有关的逻辑和算术,希尔伯特称之为元数学 T_m。用 T_m 来证明 T_F 的无矛盾性,其方法是,用 T_m 证明在 T_F 中不会有某一论断 A 及其否定 $\overline{A}$ 可以同时推出(这是悖论的本意)，现在一般采用证明在 T_F 中不能推出“$0\neq0$”即可。如果能证明 T_F 的无矛盾性，则可保证 T 的无矛盾性。T_m 是以 T 系统外的 T_F 为对象的理论，T_F 称为对象理论，T_m 称为元理论。

很快，人们用这种方法证明了一些较简单的对象理论，如命题演算、一阶谓词演算、有限算术等的无矛盾性。这增强了人们对希尔伯特方案的信心，希尔伯特更是乐观地预言(1928 年)：只需要若干即将证出来的纯粹算术的初等引理，就能证明微积分理论的无矛盾性了。

除了无矛盾性以外，人们对数学理论体系还有另一个重要要求——完全性。它指的是，关于有关系统的所有的真命题在这个体系中都是可证的定理。完全性也是数学理论体系的重要环节——它在一定程度上表征着理论体系的功能，如果一个理论体系是不完全的，就是说它把许多与之有关的真命题“漏”掉了，这样的理论体系的功能当然不强了。通俗地讲，无矛盾性可以说是理论体系的“纯粹性”——理论中的所有已证命题都是“真”的；完全性可以说是理论体系的“充分性”——凡是与理论相关的真命题都是理论体系中的可证定理。只有既无矛盾性又有完全性的理论体系“在理论上看”才是好的。值得注意的是,有矛盾的(不一致的)理论体系反倒一定是完全的——因为在其中可以证明出任何命题,只有已经证明为无矛盾的理论体系才需要完全性证明。19 世纪 20 年代末,数学家们也证明了前述那些证明为无矛盾性的形式系统的完全性,这从另一个方面坚定了人们实现希尔伯特方案的信心。

1931 年,哥德尔不完全性定理发表了。这一定理使希尔伯特方案受到了巨大的冲击——不完全性定理表明形式系统无法对任何包含自然数算术的无矛盾的数学理论系统(这在数学中是十分基本的)做完全的刻画——即形式系统的功能不够强,因而希尔伯特的以形式系统研究数学理论的形式化方法是难以实现的。同时,哥德尔还证明了“第二不完全性定理”,该定理指出:如果一个包含有自然数算术的形式系统是无矛盾的,那么这种无矛盾性不可能在该系统内得证明。它表明,希尔伯特关于有穷方法即用弱于对象理论的工具证明对象理论的无矛盾性的设想也是无法实现的。

那么,哥德尔是怎样证明不完全性定理的呢?他是这样表述自己的证明思路的:“从形式的观点看，所谓证明实际上就是公式的一个有限序列。对于元数学来说，究竟用什么东西来作为基本符号当然是没有关系的，我们不妨就用自然数来作为基本符号，这样一来，一个公式就是一个自然数的有限序列，而一个证明便是一个有限的自然数序列的序列。据此，元数学的概念（命题）也就变成了关于自然数或其序列的基本概念（命题），从而即可（至少是部分的）在对象系统本身的符号中得到表示，特别是人们可以证明‘公式’‘证明’‘可证公式’等都可以在对象系统中加以定义。”简而言之，哥德尔的思路就是构造出一种“自相关”：把自然数算术形式系统的问题转化为关于自然数的问题，然后再用关于自然数的理论（算术系统自身）来讨论这些问题。

哥德尔的具体做法首先是创设“配数法”，为算术系统的形式对象（如初始符号、公式、变形等）配给特殊的自然数，使得不同的自然数（并非每一个自然数）对应于不同的形式对象，这样就把形式算术系统（是一种 T_F 理论）算术化，使之成为直观算术即一种 T 理论的内容。

其次是元数学（T_m）算术化。由于 T_F 算术化了，因而关于 T_F 的元数学命题就变成了关于这些相应的自然数及其彼此之间的算术关系的命题，它们也是直观算术即 T 理论中“真”的命题，是否在形式算术系统（T_F 理论）中能找出相应的可证公式呢？哥德尔通过引入“递归函数”证明了与形式系统的元数学命题相对应的直观算术命题是在形式系统中“数字可表达的”，从而把元理论（T_m）中的命题转化为形式算术理论（T_F）中的命题，算术系统自身就成了自己的元理论。

由配数法和元数学的算术化可知，现在形式算术系统中的命题 A 和其在元数学中的相应命题 A'（由 A 通过配数法和数字表达得出来的）具有共同的真假。

具体的证明就是：在形式算术系统中构造一个命题 G，使它所表达的元数学命题 G' 为：“G 在系统中是不可证的。”G 就是一个不可判定的命题。下面给出一个直观的证明：

假设系统是无矛盾而且是完全的，即命题 G 或它的否定 $\overline{G}$ 是可证的。如果 G 是可证的，则它所表达的元数学命题 G' 就是真的，即 G 在系统中是不可证的，与假设矛盾；如果 $\overline{G}$ 是可证的，则 $\overline{G}$ 真，即“并非"G在系统中是不可证的"真",即G是可证的,与"$\overline{G}$是可证"假设矛盾。这里我们使用了反证法,即利用了系统是无矛盾的这一前提。这样就得出结论:如果一个形式系统是无矛盾的,则它是不完全的。

注意,G是一个不可判定的命题,由于G和$\overline{G}$都不可证,G确实是不可证的,所以G'这一元数学命题就是真的,因而在系统中表达的G也就是真的。就是说,在形式算术系统中存在着真的但不可证的命题。

哥德尔的这个证明的关键之处在于弄清系统的三个不同层次——直观算术理论(T)、形式算术理论(T_F)和元数学(T_m),并建立这三个层次之间的映射:配数法是$T_F \to T$的映射,算术化则是$T_m \to T$的映射,而"数学表达"则是$T \to T_F$的映射。通过三个层次的映射,使形式算术系统自相关,把从系统外看系统变成系统内的证明。

哥德尔不完全性定理有重要的科学理论意义。在逻辑学方面,人们认为这是现代逻辑的重要成果,证明这个定理的配数法和数字表达法都成为逻辑学和其他科学的标准方法。这一定理还可以说是图灵提出图灵机和判定问题的直接前驱之一。哥德尔不完全性定理对证明论的发展起到“划时代”的作用:由于这一定理指出有穷方法的不可能,人们取消了元理论工具应弱于对象理论的限制,创设了“超限归纳法”“力迫法”等新方法,解决了一大批证明问题。

利用哥德尔定理来反对人工智能的主要理由有两点:其一是说,凡计算机可操作的,都以某种程序输入,而这种程序就是一个形式系统,按哥德尔不完全性定理,任何内容充分丰富的无矛盾的形式系统都是不完全的,因而,计算机的功能是不完全的,而且是本质上不完全的,所以它永远做不到人的思维层次。关于这一点,一个自然的反驳是,计算机做不到的——它有不完全性——人类也一样做不到,因为人类所建立的形式系统也是不完全的,而且带有本质的不完全性。其二是说,人能同时考察一个系统的内和外,即考察系统带有层次性,利用人的智能,建立起系统内外的映射,造成自相关,从而在一个系统内解决由系统外看本系统的问题,提出并证明哥德尔定理就是人的基本智能表现。机器只在一个系统内工作,它不会从系统外考虑问题。但人也

不是总能在系统内考虑系统外的问题,在这方面,人们已有一个定理:

不存在能给每个构造性序数命名的递归相关的标号系统。

即当序数越来越大时,我们无法为所有的序数作标号——即没有一种“方法”(能行的)能做到对所有的形式系统使用哥德尔方法,即人对系统内外的操作也是有局限的。换一句话说,有可能存在某种十分复杂的形式系统,虽然它也是不完全的,却可达到“人的层次”。

图灵对机器有可能思维或机器智能作了大量的论述,对所有上述反对意见作了反驳。后来,人们日益发现他的反驳的预见性,如人们已在真正的数论中发现了自然的不可判定的命题,它表明人的形式化能力的确是有限度的。

从对反对意见的反驳和对新的机器的预言中可以看出,在机器思维或人工智能的领域中图灵是一个真正的先驱。1950 年他的《计算机与智能》一文发表后,并没有引起人们足够的重视,多数人倒是认为,这是一种并不现实的空想,直到 1956 年,这篇文章以《机器能思维吗?》为题重新发表,由于此时某些人工智能研究已经起步,这篇论文开始受到人们的重视,但反对者甚众,特别有趣的是,他们的主要的反对意见竟就是图灵指出来的那些反对意见,特别是利用哥德尔不完全性定理的反对意见。对反对意见的正确预言更使图灵的先驱地位突出出来,这一点,甚至反对人工智能的人士也是承认的。图灵的反驳对这些预言仍是有效的。

图灵 1947 年写的文章直到 1959 年才在一部文集中首次发表,当时也没有引起人们的重视,只是当 1969 年,这一文章再次发表,此时瓦丁格(R. Waldinger)重新提出自动程序设计的概念,人们才开始意识到图灵这篇文章的开创性意义。

3. 下 棋 机

图灵是一个国际象棋的爱好者,他曾经致力于把人类对象棋的思维变成机器的程序。他曾撰写过几页以机械方式下国际象棋的棋步,并用这些棋步于 1952 年与曼彻斯特大学的一位学生格伦尼下过象棋。由于他需要在纸上算出计算机应怎样走子，所以图灵戏称他的棋步为“纸上下棋机”。

图灵的方法是像国际象棋教科书上定级那样，给每个棋子以一定的数值，以便大体上反映各个棋子的实力：王1 000，后10，车5，象3.5，马3，兵1。在选择棋步时，都是接着走所有后续棋步，包括杀子在内，一直走到双方既不能吃子也不能将对方将死的静止棋势为止。对于每种静止棋势，双方的相对实力是把棋子的数加在一起进行计算的，并把计算机的棋子数值看成正数，把对方的棋子数值看成负数。选择导致静止棋势的棋步时，机器的目标是使其相对实力增大到最大限度。

图灵利用这种估值方案是能找到求胜的棋步的，但在静止情况下则无法使用。例如，它不能判断出对方的第一步如何走，因为在比赛开始时，在其20个可能的棋步(16个进兵步和4个上马步)中，没有一步棋杀子或可能杀子，因此这20个静止棋势计算出的相对实力的值均为0，这样显然不行。

于是图灵用加权的方法来解决这个问题，在静止棋势中考虑诸如机动性与王的安全性等因素。如对兵来说，走兵越过自己的布阵之后，每横线加0.2，如果受到别的子而不是本方兵的保卫,则另加0.3,如果不受到保卫,则要另减0.3。对于车、象、马和后来说,如果走它们能走的法定棋步,则每走一步棋都增加其数值的平方根,如果这些棋步中至少有一步棋可以吃子,则另加1。而且,要是车、象或马(不包括后)受到保卫,得到一次保卫另外加1,两次或两次以上加2。如果王得到车的保卫,则加0.3,如果与车保持均势,则加0.2,要是以车保王未来仍能出现,则加0.1。

关于王的安全性,在图灵的估值方案中已给予考虑,他规定:王所要损失的点数取决于它易于受到攻击的程度。他设想王是另一个后,并计算这个后的机动性,以此来量度王受攻击的程度。他进一步给攻对方王的棋步加0.5,给立即将军的威胁性棋步加1。

在静止棋势情况下,纸上下棋机将按照其求值函数、最大的机动性、本方王的安全性以及对方王的易受攻击性来决定棋步。

1952年,图灵和格伦尼对弈。图灵利用纸上下棋机,完全靠计算来决定怎样走棋,一点也不掺杂自己的经验和常识,而格伦尼则按经验像往常一样下棋。因为图灵用的是纸上下棋机，所以他要用笔做许多计算，每一步要算十几分钟。

纸上下棋机以 P-K_4 开局，即走王前兵两步。在 20 个可能的棋步中，P-K_4 棋步具有最大的数值，这个棋步不仅可以进兵到第四横线，而且还可提高后、王前象和王前马的机动性。在第 3 步棋时，纸上下棋机走了一个错步，以一步出击，但格伦尼没有乘机利用这个机会。在第 29 步时，由于纸上下棋机的求值函数显示格伦尼没有立即有效地提子应步，因此错误地用后吃了一兵，忽视了必须进行压车的棋步，所以被对方将死。

这一次纸上下棋机虽然输了棋，但它提供的赋值的方法、实力计算、机动性和安全性的考虑，无疑都有独到之处，之所以输掉，是因为对象棋的知识不够充分，有些问题没有考虑到。尤其重要的是，图灵的纸上下棋机对棋步的选择，并不完全依赖于事先固定的程序——程序只大致给定一个选择的原则（如“值”最大），机器可以在一定范围内自动“学习”，积累“经验”，用图灵的话说，只要不关掉电源，它就不会犯同一个错误。这正是人类智能的特点。上面我们之所以不厌其详地列举图灵的“赋值”方法，目的就是说明这一点，其中“安全性”“动机性”“保卫”等，完全是从“学习”中才能得出的“观念”，当然这也是由特殊程序保证的。

1953 年，图灵为《比思维还快》文集撰写一篇文章，题目是《数字计算机用于游戏：象棋》。文中首先对计算机及其设计以及编制下棋程序做了论述，然后讲解了机器与棋手的对局，最后指出机器的“智能”特点及其局限性。

图灵选择棋类博弈作为人造智能——人工智能——研究的起点或突破口，是具有远见卓识而且有深远意义的。其一，因为棋类博弈表现出人类智能的典型特征。虽然棋类比赛现在视为体育项目，但比的其实是人的智能！其二，这一活动由于范围限定，便于进行人－时间的比较。其三，棋类博弈是一种家喻户晓的最常见的活动，日常领域恐怕是机器从不涉足的领域，进入这一领域才真有“人类性”。这一方面，又表现出图灵思想的高度超前性。图灵的文章问世后，没有立即引起反响，直到 1956 年，人工智能研究正式开始时，人们才重新认识到图灵所做的开创性工作。更重要的是，人工智能取得成效的第一项就是下棋机——这更证明了图灵选择的正确性，也可以说是图灵的选择开辟了这一研究方向！

1956 年，IBM 公司的萨穆尔（A. Samuel）利用对策论和启发式搜索技术编制了一个跳棋程序，它可以使机器像一个好的棋手那样向前预测几步走法。正如图灵所指出的那样，并且有更进一步的发展，萨穆尔的跳棋机也不是按事先编好的固定程序工作，而是能够自适应、自学习，在与人类下棋的过程中，积累“经验”。此举轰动世界。1959 年，这台机器击败了萨穆尔本人。经过三年的“学习”，它又击败了美国一个州的冠军，达到冠军级水平。

计算机下象棋的事也开始得到逐步发展，许多国际级象棋大师和计算机工作人员开始携手前进。国际象棋大师柏林纳为了研制下棋机，甚至在 40 岁时到卡内基梅隆大学读计算机博士，很快他就成为这方面的专家。

美国每年都要举行国际象棋锦标赛，而 1970 年的比赛别具风格，它在人工智能发展史上写下了浓墨重彩的一笔——请了几位计算机选手参赛。此举深受公众支持，于是组委会决定在此后每年都邀请机器选手参赛。应该说，此举在人工智能发展史上也应该大书特书——它极大地促进了对下棋机的研制。

1979 年，多达 12 名机器选手出人意料地参加了在美国底特律市举办的国际象棋锦标赛。观众如痴如狂，机器选手也不负众望，其中最扣人心弦的是国际象棋大师利维和计算机选手“象棋 4.9”的比赛。比赛中险象环生，直到第 50 回会，利维才险胜“象棋 4.9”。

1980 年，萨穆尔所在的卡内基梅隆大学（柏林纳也在此）突发奇想，宣布设立一个奖金（被称为弗莱德金奖金），奖给首先战胜国际象棋冠军的机器的程序设计者。它分为三个等级：第一级，5 000 美元，奖给第一台达到国际象棋大师水平的电脑的设计者；第二级，1 万美元，奖给第一台达到国际特级象棋大师水平的电脑的设计者；第三级，10 万美元，奖给第一台战胜国际象棋冠军的电脑的设计者。

柏林纳还预言：“我确信，在 2000 年之前肯定会有人来领奖！”

1981 年，贝尔实验室的两位研究人员领走第一级奖金。此后，就不断听到机器棋手向象棋大师挑战的消息。1987 年，在美国加利福尼亚长滩举行的国际象棋锦标赛中，前世界冠军挑战者、特级大师本特·拉尔申被机器棋手“沉思”（运算速度每秒可达10亿次）击败。这次锦标赛上，“沉思”和特级大师迈尔斯并列冠军，开创了机器走向冠军领奖台的先例。一年以后，“沉思”击败了迈尔斯，并且后来与许多世界级的大师打成平手。它的设计者领走了第二级奖金——1万美元。

1990年，美国棋联按国际象棋等级标准估算“沉思”是2 552分，而世界冠军卡斯帕罗夫为2 780分，我国特级大师，1991年世界冠军谢军为2 480分。

世界冠军卡斯帕罗夫是不相信机器能击败人的，但1994年8月，在英国伦敦举行的一次比赛中，卡斯帕罗夫竟输给了一个英国机器棋手“奔腾天才”，不过令人欣慰的事，半年之后的1995年5月20日，在法国克隆的一次比赛中，他又击败了“奔腾天才”，如报上所说的，“为人类挽回面子”。1996年2月，卡斯帕罗夫又与美国IBM公司花6年时间研制的棋手“深蓝”（Deep Blue）进行了一场“世纪性人机大战”，结果卡斯帕罗夫以三胜二和一负的成绩获胜，机器仍不是人的对手！“深蓝”采用的算法称为α-β算法，它指的是：当发现一个值小于α时，可停止极小值的搜索；当发现一个值大于β时，可停止取极大值的搜索,从而避免全搜索所引起的“组合爆炸”——搜索不完。十分重要的是,“深蓝”具有学习能力,“不会犯同一个错误”并能积累“经验”。因此,在1997年5月,人们在世界各种大众传媒的显著位置都看到了如下的标题:计算机战胜了人类棋手!事实是,1997年5月11日,国际象棋冠军卡斯帕罗夫与美国IBM公司的国际象棋电脑“深蓝”的六局对抗赛最后结束,这次卡斯帕罗夫以二胜一平三负输给了“深蓝”。柏林纳的预言提前实现了。

“深蓝”的主体是一台巨型电子计算机,它重1.4吨,共用了256块IBM的微处理器,这些微处理器分为32组,每组8块,构成一个RS600/SP并行计算机系统,具有每秒“走”2亿步棋的速度。它的设计者无疑将领取卡内基梅隆大学的第三级奖金——10万美元。

卡斯帕罗夫,全名加里·基莫维奇·卡斯帕罗夫(Гарри Кимович Каспаров),苏联、俄罗斯国际象棋棋手,国际象棋特级大师。1963年生于阿塞拜疆首都巴库,6岁开始下棋,13岁获得全苏青年赛冠军,15岁成为国际大师,16岁获世界青年赛第一名,17岁普升国际特级大师,在22岁时成为世界上最年轻的国际象棋冠军,此后又数次卫冕成功。

卡斯帕罗夫棋风活泼,思维活跃,有异常敏锐的感知判断力,能通过一些战术性的接触出人意料地改变棋局的自然进程,甚至经常采取大胆弃子、疾进反击的策略去赢得比赛。曾在1999年7月达到2 851国际棋联国际等级分,创造了历史最高纪录。在1985年至2006年间曾23次获得世界排名第一。曾11次获得国际象棋奥斯卡奖。他是国际象棋史上的奇才,被誉为“棋坛巨无霸”。2005年3月11日在第九次夺得利纳雷斯国际象棋超级大赛冠军后,他宣布退役。他能讲15国语言,还是一位数学家、计算机专家和纽约《华尔街》杂志的定期撰稿人。

引起了世人最大关注的,是卡斯帕罗夫与IBM公司的超级计算机对垒。1996年卡斯帕罗夫首次与IBM公司的超级电脑“深蓝”交手,以4∶2的战绩获胜。1997年卡斯帕罗夫再次与经过改进的“深蓝”对垒,结果以2.5∶3.5的比分败北。2003年卡斯帕罗夫两次与两个超级计算机(分别是DeepJunio“深青年”和DeepFritz“深弗里茨”)对阵,结果都“握手言和”。

其后的下棋机得到更多的发展,人机大赛的胜负不再那么引人注目了,而且人们开发出跳棋、中国象棋以及许多其他棋类游戏的下棋程序,期间的人机大赛也互有胜负。下棋机的研制促进了机器学习的进展,能自主学习是人的智能的特点。特别值得一提的是围棋机,因为围棋的特殊的复杂性——就机器学习的角度而言,围棋的计算最大有 3^{361} 种局面,全搜索需要大致的计算步数可达 10^{173} 的数量级,其中属于恰当的围棋布局的有 2.1×10^{151} 种,而迄今人们已经观测到的宇宙中,基本粒子的数量只有 10^{80} 的数量级,国际象棋最大只有 2^{155} 种局面,计算步数大致为 10^{47} 的数量级——因此直到 2016 年 1 月才有报道,谷歌旗下的公司 Deep Mind 宣布开发出一款能够在围棋比赛中击败职业选手的程序,这款被命名为 Alpha Go(译为阿尔法围棋,粉丝更多的称之为阿尔法狗——这恰恰是英文的音译)的系统程序能够通过机器深度学习的技术结合高性能计算平台来随时掌握比赛的一系列技巧。2016 年 1 月 27 日宣布,在 2015 年 10 月 5 日—9 日的比赛中阿尔法围棋以 5∶0的战绩击败了欧洲围棋冠军樊麾(1981 年生于中国西安,曾入选中国少年围棋队,现旅居法国,为法国围棋队教练,是 2013—2015 年间三次欧洲围棋冠军)。2016年3月9日—15日阿尔法围棋与韩国职业围棋九段李世石(1983年生于韩国首尔,曾多次获得世界围棋冠军)进行了大肆宣扬的人机围棋大赛,同时有电视和网络的世界性直播,结果阿尔法围棋以4:1获胜。于是下棋机在所有的棋类游戏中都有了战胜人类顶尖选手(冠军)的记录。

4."人工智能"的发展

图灵之后,从1956年开始,人工智能的研究从不同的方向渐次展开。1956年夏季,美国的麦卡锡(J. McCarthy)、明斯基(M. Minsky)和尚农(C. Z. Shannon)等人共同发起一个关于人工智能的学习讨论会,邀请了IBM公司的萨穆尔,兰德公司的纽厄尔(A. Newell)和西蒙(H. Simon)等人(他们是当时一批有名的数学家、心理学家、神经生理学家、信息论和计算机专家)参加,他们共同从不同学科的角度来探讨人工智能的可能性。这次讨论会进行了两个月,"人工智能"一词就是在这次会上被正式使用并从此逐渐通用起来的。这标志着这一学科的正式确立。

会后,美国开始形成了几个以人工智能为目标的研究集体,这标志着人工智能进入了组织实施阶段。

以纽厄尔、西蒙等人为代表的卡内基梅隆大学和兰德公司的研究小组,是由心理学家和计算机科学家组成的,主要从心理学的角度来研究人工智能,人们称之为心理学派。他们从人在解决问题时的心理活动总结出一些规则,然后用计算机来模拟,使计算机表现出智能。1956 年,纽厄尔等人提出一个逻辑理论机(LT)程序,这种程序不是根据事先编好的固定的算法解决问题,而是将人脑在进行推理时的思维过程、规则、所采取的策略、技巧或简化步骤等编进程序,即先在计算机中存贮一些公理、规则,然后让机器自己去探索解题的方法。这时机器就能表现出类似人脑推理的心理活动,像是一个数学家在进行推理并证明某些数学定理。人们把这种程序称为启发式程序,把这种逻辑理论机戏称为"逻辑理论家"。随后,纽厄尔等人用它证明了罗素所著《数学原理》第二章的 38 条定理,这一工作被认为是用计算机探讨人工智能的第一个真正的成果。在此基础上，他们进一步研究人在解决问题过程中的思维活动，结果发现，这一活动可以分为三个阶段：一，想出大致的“解题计划”；二，根据记忆中的理论和推理规则“组织解题”；三，进行目标和方法分析。从这一点出发，他们在1957年至1959年间提出了著名的“通用问题求解机”（GPS）程序，它可解决十几种不同性质的问题。

以塞尔弗里奇（D. Selfridge）和麦卡锡等人为代表的麻省理工学院研究小组则比较侧重于人工智能的数学形式，注意研究适合非数值问题的求解中运用的程序设计语言，并在1960年提出著名的“LISP”语言。这是一种适用于人工智能研究的函数式处理语言，它至今仍在人工智能研究中发挥重要作用。他们还研制出早期的计算机咨询回答系统，后来这一系统被用于飞机售票等业务中，极大地提高了工作效率。

以萨穆尔等人为代表的IBM公司研究小组则选定了下棋机，其结果如前所述。

进入20世纪60年代，随着对人工智能的进一步深入研究，人们针对人工智能的各个环节展开的研究工作，有了全方位的发展。

当时人们特别注意于第一个环节——感知过程的探讨和“人工化”。人的认知主要通过视觉和听觉进行，于是给计算机装备“眼睛”和“耳朵”便成为重要的人工智能的课题。人们集中研究了图像识别和文字识别的问题，在这方面取得了一些成果。人的认知过程还有一个极重要的方面是语言系统，因此，对自然语言的理解也成为人工智能的重要课题，与此相关的则是机器翻译的研究。而针对人工智能的“选择控制”和“思维推理”环节，人工智能发展了50年便开展起来了“问题解决研究”。1965年，鲁滨逊(T. A. Robison)提出了一个“归结原理”，这是一种通用的解析方法，对“机器证明”有较大的推进。

当时人工智能的另一个发展是人们对它有了更深刻的认识，其表现之一就是重新调整了目标，如开始了“专门化”研究。在20世纪60年代，人们一直在寻找一些理论和方法，希望借以使计算机完成各种各样的智能行为。到20世纪60年代末，人们认识到，要想使机器具有某方面的智能，必须为机器提供这个方面的大量知识，与人的情况一样，专业知识才是智能的基础。这样，到了20世纪70年代，人工智能的研究方向就从“有关思维的一般性法则之追寻”

转到“具体知识的认识”，其代表性的进展是“知识工程”的建立。所谓“知识工程”是指以知识为处理对象，以知识型系统为产品的工程技术，如专家系统、图像识别系统、语言识别系统等。

知识工程的关键技术是如何获取、表示和运用经验知识，即强调尚未形成理论的经验和技巧，因而就要弄清直觉知识或启发式知识的实质，这要求对人的思维做深入的研究，尤其是对形象思维和抽象思维做统一的研究。

20 世纪 80 年代起，人工智能的发展进入一个新的阶段，相应地出现了两个特点。一是研究成果开始商品化，如出现了用于精密检测的机器视觉系统和能进行装配作业的初级智能机器人，用于微型机的自然语言接口和各种类型的专家系统等。这时的人工智能不止停留在研究阶段，还进入了社会和家庭。二是人工智能向更高级的水平发展，例如出现了“第二代专家系统”即智能系统，用于研制并设计新型电子计算机，模拟人的创造性思维等；开始研制智能计算机——所谓的新一代计算机，它具有推断、联想、学习等高级智能，并且可以声音、文字、图画等方式进行人机对话，由于人机界面友好，使用方便，所以也被称为“傻瓜计算机”。开发智能型机器人，努力将分散于各个分支领域的人工智能技术综合为系统的机器智能技术体系，即在技术方法和各个领域全面发展的基础上把它们融为一体。此外，对神经网络、认识模型、人的大脑功能等人的智能本身的深入研究也是重要的现代人工智能课题。

总之，图灵提出来的“与人脑的活动方式极为相似的机器是可以制造出来的”思想正在逐渐以种种具体的方式实现着，在这一点上，人们永远不会忘记图灵作为先驱者的作用。

5. 生物的形态

德国大诗人歌德在一首诗里说过：“珍重你少年时的幻想吧！”人到中年，这一点就更加重要：当疲惫的心灵已不能弹响幻想的琴弦，当缭乱的目光已无法穿透厚重的人生积淀的时候，你所珍藏的少年时的幻想就会喷薄而出，使青春的旋律重新充盈心间。

图灵少年时就热爱大自然，喜欢动植物，还记得他小时候追踪野蜂、采摘蜂巢的故事吗？还记得他在曲棍球场上观察雏菊生长时专注的神情吗？还记得他少年时做的许多有趣的实验吗？他这些“幻想”的事物，在中年时重新回归，使他成为一个酷爱自然、酷爱生物的科学家，并且把这种热爱付诸实践，那就是用他自己擅长的专业知识去研究生物，研究自然。以1947年至1948年他在剑桥大学度过的休假年为契机，图灵对生物学做了一系列的研究。他的主要研究领域是生物形态方面。

生物形态学研究的是动植物的整体及其组成部分的外形和结构。如生物形态的同源、同功结构，生物形态的特性，如球状对称、辐射对称（海星）、两侧对称和不对称、植物的叶序排布、动物身上的斑纹、外形等，都是生物形态学研究的内容。形态学十分重要，一般来说，动植物的分类就依赖于形态学研究。

形态学有一个分支学科称为形态发生学，它研究由细胞、组织和器官分化形成生物体的胚胎的过程，以及依据潜在的机体遗传的“蓝图”和周围环境条件而发育出种种形态的过程。图灵研究的就是形态发生学。通常的形态学研究一般采用化学技术和显微技术，图灵则采用他所擅长的计算技术！

在形态发生学中，图灵的研究主要表现为三个方面：

1°由均匀的胚胎怎样产生不均匀的甚至不对称的结构（如马、动物的斑纹）；

2°具体的形态（如海胆的刺针的数目、位置）是怎样产生的；

3°植物叶序的几何理论。

他的研究结果首先形成一篇题为《形态发生的化学基础》的论文，于 1951 年 11 月递交《皇家学会哲学学报》，1952 年 3 月加以修订，最终于 1952 年 8 月发表在该学报 B 辑 237 期上。该文中，在上述三个方面的第一个方面，他主要是以数学方法进行证论，并使用计算机加以验证或给出有关的图形。

首先，他用数学方法证明，最初是均匀的一定类型的动态系统，经过一种逐渐的变化，会导致空间不均匀性的出现。

他假设存在两种物质，并称之为“成形素”。其中一种物质的浓度由以下两种因素来维持平衡：一种因素是产生过程，其产生速度受其浓度控制，一般称之为广义自催化作用；另一因素为消失过程。另一种物质(成形素)的形成速度主要取决于第一种物质的浓度,而其消失速度则与其自身浓度成比例,同时还存在扩散过程。

图灵用一个微分方程组表示这一动态过程

$$\begin{cases}\dfrac{\mathrm{d}x}{\mathrm{d}t}=5x-6y+1\\[2ex]\dfrac{\mathrm{d}y}{\mathrm{d}t}=6x-7y+1\end{cases}$$

通过计算机,图灵发现,如果改变方程的常数和形式,在某些情况下,其解的曲线会形成聚集的驻波图案。而且,对于两种以上的化学物质来说,由于它们之间的相互作用,存在着平衡状态下出现局部聚集的可能性。

图灵的这个发现很重要,因为它开辟了新的思路——在完全均匀的系统里可以产生物质的聚集,因而可以使某些自由基的浓度在反应系统的一个局部范围内,高到足以引起一连串涉及其他物质的新反应,并使有机分子的合成进行到一个更复杂的阶段的条件。

图灵证明了,在最初完全均匀的系统内,从局部聚集是由各种反应速度偶然涨落而引起的这个意义上来说,出现这种聚集的位置是不确定的,而反应速度的偶然涨落应归因于每个分子的变化都是独立事件。

当然,这样一个系统就其局部聚集来说是不稳定的,但是像任何不稳定的系统一样,一个很小的事件就可以引起它向稳定的方向发展。这样,这一系统就提供了在最初均匀的无结构的地方产生结构的一种可能的方式。而且,如果由于其他因素存在着某种最初的不均匀性,而这种不均匀性系统中具有其构造类似于该系统固定趋向性成分的话,它就可为形态结构的产生提供最初的刺激。这种系统的不稳定性对初始状态中某些特性则起着放大器的作用,它将这些特性放大到肉眼可见的规模,同时也就抑制了另外一些不符合它固有趋向的特性。

图灵的证明完全是数学性的,它由一个微分动力系统出发指出它由均匀到不均匀,由不稳定到稳定的过程。在图灵的研究工作的基础上,60 年代末哥本哈根学派在由偶然的涨落引起系统平衡的破坏和重建的研究中取得了突破性的进展。

图灵去世后,人们在他留下的手稿中发现了他对另两个问题的研究。

部分手稿表明图灵继续上述关于成形素聚集并形成稳定结构的思路，即用数学方法对这些结构进行分析，利用计算机进行具体的计算，再把计算机的结果和实际的生物形态加以对照。

手稿中仍然从表述成形素的微分方程出发进一步探讨它的解集的曲线，结果对应于在一个组织的连续环上的不稳定可能采取的不同形式。其中有一种最为重要，正是由它形成了驻波图案，生物学上与此对应的是：有关成形素在组织连续环上均匀分布的几个点上聚集起来，导致主要的生长发生在这些点上。他的研究结果与水螅触手和轮生叶的实际完全吻合，他进而用 Madam 计算机求出微分方程的数值解，得到的结果显示出原肠胚的形象。当采用高阶微分方程考虑反应函数为二次函数时，他就使微分方程的解符合于海胆、泡沫虫等的骨骼（刺）的球形分布状况，并与标本相吻合。

另一部分手稿中提供了叶序的几何理论。

图灵的形态发生学研究是数学形态学研究的开端之一。现在，这方面有了许多新的进展，人们对图灵的开拓性工作，尤其是把数学方法和计算技术引入生物学的形态发生学的工作给予高度的评价。他的创造性工作，对生物学的发展作了有力的推动。我们以现代叶序的发展来说明图灵的开拓性工作。

现在，我们说的叶序首先是指叶片在茎上的排列方式，有时也广义地指叶片、小枝、小花等在茎、叶、果实等上的排列方式，它们表现出相当强的“数学规律”。

一般采用这样一个模型来说明叶序：在生物学中称为原基的叶片、小枝、小花等在围绕着半径为 L 的圆周逐个产生并生长叶序的数学规律，主要就是叶序与斐波那契数列的关系。

斐波那契数列来自于斐波那契(L. Fibonacci)于1228年提出的“兔子问题”：兔子出生后两个月，就有生殖能力，每对兔子每月能生一对，假定任何时候雌兔和雄兔只数相等，而且生殖能力一直保持不变，那么由一对小兔开始，一年内将有多少对兔子？分析一下，第一个月，只有1对，第二个月只有1对(原来的1对小兔长成大兔)，第三个月有2对(新生1对小兔)，第四个月有3对(大兔生1对，小兔长大)，第五个月有5对(大兔生1对，长大的小兔生1对)，第六个月有8对……每个月的兔子数都是前两个月的兔子数之和，即

$$\begin{cases} T_{i+1}=T_{i-1}+T_i \quad (i=2,3,\cdots) \\ T_1=T_2=1 \end{cases}$$

$\{T_n\}$就叫斐波那契数列,亦可定义为

$$\begin{cases} F(k+1)=F(k)+F(k-1) \quad (k=2,3,\cdots) \\ F(1)=F(2)=1 \end{cases}$$

叶序和斐波那契数列的关系有三点:

1°存在两族由原基连成的相互对绕(沿逆时针方向和顺时针方向)的螺线,每族螺线的数目,在绝大多数情况下(95%)是斐波那契数列的相邻两项,而且随原基数目的增加,这两个数目顺着斐波那契数列向前推移,称为“叶序升级”现象。

2°对于1°的斐波那契型叶序,在茎顶端分生组织四周由两个相继产生的原基形成的发生张角趋于137.51°。

3°对于一些不包含于1°中的叶序,它的两族螺线的数目是广义斐波那契数列的相邻两族螺线的数目,即广义斐波那契数列的相邻两项。广义斐波那契数列,即满足

$$F(k+1)=F(k)+F(k-1)$$

但F(1),F(2)可以从任意两数开始(不必满足F(1)=F(2)=1)。

那么叶序为什么表现出斐波那契数列的特点？它反映了植物生长的什么本质？这是图灵曾提出的问题，现在它仍然困扰着广大的生物学家。现在的认识是：叶序现象是一个深刻的生物学本质问题。有人认为："认识叶序很可能找到解开生命世界中形态模式的起源这一千古之谜的钥匙。"[1]但谜底是什么？仍然不知道！

6. 个性特点和生活点滴

现在我们来看一下图灵生活的另一个侧面，他的鲜明的个性特点及由此决定的他的生活中的一些趣事。

1. 个性特点

图灵在生活中也像在工作中一样，有一些极其有趣的特点。

---

① 顾连宏：《叶序之谜》，载自《自然杂志》，1991 年，第 3 期。

首先，如他的一位朋友后来写的回忆文章中所说的，对待生活中的问题，他往往采取这样的态度：

1°不在乎别人的闲言碎语以至于讽刺挖苦；

2°具有自己找出问题、解决问题的决心；

3°靠观察尤其是理论探讨解决问题。

这位朋友举出这样两件事，它们都发生在图灵在布莱奇利工作期间。此时，他的住处离庄园大约3千米，每天骑自行车上下班。

一件事是他的自行车有一点毛病——经常掉链子。怎么办呢？图灵先观察清楚脚蹬子转多少圈链子会掉下来，然后他骑车时就数脚蹬子转过的圈数，接近那个掉链子的圈数时就下来先采取措施，这样就不掉链子了。但老是数圈实在是太麻烦了，于是他就在车上安装了一个小计数器，以便时刻掌握转过的圈数。后来，他做了进一步的理论研究，为什么会掉链子呢？要从链子的传动找原因，于是他找脚蹬子转的圈数、链子的节数和链轮齿数之间的数学关系式，并进行推导，结果表明，有某一个受些轻微损伤的链节，当它转到同某一个稍微有点弯了的齿相接触时，链子就会脱落。于是他以每次脱落前转过的圈数反算出从起点数的哪一个齿是弯的，找到它并把它弄直，链子也就不再掉了。图灵花了一个月的时间解决了这个问题，而如果找一位修理工，大约 5 分钟就可以修好这个掉链子的故障。

另一件事是他读了几本医书后，从理论上认识到，在布莱奇利周围的环境中，春末夏初最易患“急性花粉热”这种过敏性疾病，病因是花粉粒子进入呼吸道，于是他“理论”地想到防毒面具可能是杜绝吸入花粉粒子的好工具，因此每到春末，野花盛开之际，图灵都头戴防毒面具，骑自行车上下班，这引起路人的观看和同事的笑话，一群孩子甚至把他当作天外来客，每天骑车尾随甚远。他对此毫不在乎，依然我行我素，时间长了，人们也就习惯了，以至于有一年春末，他临时去伦敦出差，几天内，许多大人孩子都来问他的房东，戴头盔的教授出了什么事。直到几天后，他又戴防毒面具出现在小路上，人们才放下心来。图灵这样坚持了几年，不知是他的措施得当，还是他本来就不是过敏体质，他始终也没得花粉热。

在其他事情上，图灵也表现出这一点。“不列颠之战”中，德军轰炸机经常轰炸英国，空袭警报时常大作，每当此时，人们纷纷躲入防空洞。有一次警报甚急，图灵什么书也没来得及带就跑进洞内，时间一长，他感到十分无聊，不经意拾起地上的一节电缆，拆开后发现里面有许多金属线，还有大量作衬里的丝线，于是他抽出电缆中的两根铜线作为针，用丝线为自己织一副手套，织法则完全出自自己的理论思考。手套居然织成了，但织到手指尖收口处理论也毫无办法了，于是他就每天戴着这副露着指尖的手套骑车上下班，直到一位好心的女同事帮他收好指尖。

图灵生活的另一个特点是对衣着不太关心，这种不太关心有时达到了别人感到奇怪的程度。曾发生过这样一件事：图灵休息时喜欢在住地附近来回散步，并且经常出神地观察动植物的生长情况，有时非常专心，而他的衣着又无论如何不像一个学者或者干脆不像一个重要的"外交部"的工作人员，这引起了某一位反间谍人员（在布莱奇利，这类人士是很多的）的注意。有一次，碰巧图灵一连两天都到布莱奇利庄园附近的草场去散步，结果第二天去时，已有两名警察在那儿等候多时了。他取出身份证，但身份证上什么都没有写（为了保密），这更引起怀疑，直到庄园自己的保安人员出面才解了围。但图灵差一点被当作间谍抓起来一事成了通讯处甚至外交部的一大笑话。

战后，他对衣着仍不在意，他母亲有一次看到他在街上跑过——后面要指出，他从中学以来，终身对长跑有爱好——穿着不合身的衣服，而且腰间系一条绳子，一只硕大的怀表吊在绳扣上。后来，母亲逼他解下绳子换一条皮带，他还十分惋惜地说："多好的一根绳子呀！"他的同事对他的评论是："埋头于他的理论，头发乱蓬蓬，衣服乱穿一气，生活习惯杂乱无章，但却是一个令人喜爱的小伙子。"

图灵很平易近人，尤其乐于向人们宣传他关于电子计算机和人工智能的想法。他曾为实验密码机到部队待了一段时间，与士兵们吃穿在一起，而且还给士兵讲计算机的某些事，博得士兵的好评。

他还在广播电台设立讲座，进行系列的关于"自动计算机"的普及工作，并对"机器能否思维"展开讨论。据称，一大批当时听了这一讲座的孩子后来走上了计算机有关专业的道路。1954 年，他还专门为青少年写过一篇名为《可解与不可解》的文章，后来人们评论说它基本上是对"可计算数"论文要点的一个通俗说明。在那篇文章中，他对十分重要的"不可解性定理”给了一个明白易懂的证明，使那些缺乏预备知识但是愿意刻苦思考的读者都能理解，这是一项了不起的功绩。该定理是：对于解决某些问题，机械的方法（即自动机）是不存在的。

图灵很有一些现代青年所谓“工作起来非常勤奋，休息起来极其彻底”的特点。从其生活安排可以发现，他是认真地这样做的。如前文所述，在研制计算机的关键时刻，他日夜备战竟达到精疲力竭的程度，而一旦获准休息，他立即去旅行，去爬山，尽情地干自己喜爱的事情，这可能是提高工作效率又保持身体健康的一剂“良方”。在日常生活的休息日中，除了长途旅行、登山或航海外，图灵也总能想出一些轻松愉快的娱乐活动让大家都玩得非常开心，如“寻宝”、堆雪人以及园艺活动——他非常喜欢花园中的劳作，在休息时修剪花草，虽然他的技艺总也没有提高。阅读也是他的爱好之一。

2. 体育运动

如前文指出的，图灵从小学时起就逐渐成为一个相当典型的体育爱好者，喜欢登山、旅行、骑自行车远足等。在战争后期，他又喜欢上长跑，战后这一点就更加强烈。

例如，他在物理研究所工作时，经常跑 18 英里，去看望他的母亲，有时跑上十几英里去邮政部参加有关计算机的会议。

战时有一则关于图灵的体育趣闻。前面已指出，为研制密码机，他有一次到一个非战斗部队住了一段时间。由于他毫无架子，所以受到士兵们的欢迎，但是最热烈的欢迎却是他在全团 1 英里跑获胜之后。当时的一位军官对此作了愉快的回忆："我得到通知，一位图灵教授为执行一项特殊任务将到我们这里待一段时间，我就安排他在食堂里用餐，在一间简陋的小屋里住宿。图灵对这种与士兵同甘共苦的生活并不介意，很快安顿就绪，而且无论从哪方面来说都成了'自己人'……我记得很清楚，在一个游乐会上我们安排了一些运动项目，要求军官们报名参加。当图灵报名参加 1 英里赛跑的时候，可以想象出我们是多么惊讶。我们宁愿把这看作是为我们捧场。可是到了那天，教授竟非常轻松地第一个到达终点。后来，他离开我们去搞一个新型的电脑，我们再没见到过他，但是大家都为与这样一个可爱的同食堂吃饭的伙伴分手而感到非常惋惜，他受到各级官兵的一致喜爱和尊敬。"

实际上，在战后，长跑成了图灵的最主要的锻炼和休息的方式。

在国家物理研究所工作时，他就认真地进行长跑，并加入了沃尔顿体育俱乐部。在加入俱乐部时，他尽力避免暴露自己的背景和国王学院院士的身份。但是，由于报纸公布了ACE计算机计划，又登载了他的照片，同时在参加体育活动时又遇到了国家物理研究所的工作人员，所以还是被俱乐部成员们“发现了”，他们相当激动，为自己的俱乐部收罗了这样一条好汉而自豪。

图灵的长跑成绩相当好。在国家物理研究所的运动会上他曾赢得1英里和3英里跑两个第一名。在沃尔顿俱乐部的比赛中，他获得3英里跑冠军并创下一个新的纪录。而在莫兹普尔公园举行的一次“优者多跑”的比赛中，尽管他加跑了360码(1码=0.9144米)，仍然以14分20秒的成绩超过第二名20码取得冠军。在1950年伦敦举行的由伦敦到布莱顿的接力大赛中，他代表沃尔顿俱乐部参加了比赛。他对长跑热爱到这种程度，有一次他在1946年4月24日接到通知，要他于1946年4月26日乘坐“伊丽莎白”号轮船去美国，而原定在这一天举行俱乐部的

3英里杯赛，图灵无论如何先参加了比赛，赛完立即奔赴码头，几乎是在最后一分钟穿着运动服登上舷梯的。

1949年起，图灵在沃尔顿体育俱乐部担任了5年副主席，他捐赠了一只奖杯，奖给该俱乐部一年一度的440码赛跑的冠军。

图灵还参加过马拉松长跑比赛。1947年8月，他在业余体育联合会举办的全国马拉松赛中名列第五，他用时2小时46分3秒，比第一名慢了13分43秒。在这次比赛成绩的鼓舞下，他打算参加奥林匹克运动会的预选赛，为此，他在1947年至1948年在剑桥大学国王学院休假年时曾认真地进行了训练。但最后，医生发现他的髋关节出了毛病，他不得不放弃参加奥林匹克预选赛的准备工作，尽管如此，他后来还陆续参加过不少距离稍短的长跑比赛，并获得过相当好的成绩。

当时间进入1952年时，图灵的事业达到了一个高峰：不仅Madam计算机研制成功，他受聘任生产该机的公司的顾问，而且他提出的“机器思维”的观念也日益受到人们的重视，为更多的人所接受，这一领域(后来称为“人工智能”)正在酝酿重大的突破。图灵的个人生活也有了新的进展,他在威姆斯洛(曼彻斯特附近的小镇,Wilmslow)买了一所房子,有了自己的家。但是令许多人困惑不解的是,图灵终身未婚。原来图灵具有同性恋的倾向。这一年,在涉及图灵家的一个失窃案中,图灵坦承自己是一个同性恋者,窃贼竟然是图灵的同性恋对象的一个朋友。在当时的英国同性恋被列为“不体面罪”(gross indecency)。因此,他的失窃非但没有得到法律的保护,他反而被送上法庭受审。法官确定图灵有罪(“不体面”的“严重猥亵”罪)并给出了两种惩罚任他选择:坐牢或者化学阉割。当时一些科学研究认为,同性恋源自过剩的雄性欲望,可以通过注射雌激素来抑制。两害相权,图灵选择了后者,因为这样至少能待在家里继续做数学。他被持续注射雌激素长达一年,导致胸部发育,变声,阳痿。1954 年 6 月 7 日,图灵被发现死于威姆斯洛自己家中的床上,床头还放着一个被咬了一口的苹果。警方调查后认为是氰化物中毒——苹果用氰化钾浸泡过。人们怀疑他是自杀。

随着时代的发展，人们对同性恋的认识有了极大的提高，社会接受了这种性取向，于是人们开始反思当年对图灵的有罪判决，人们认为对于这样一个对国家对民族甚至对人类都做出重大贡献的人，应该推翻不公的判决，越来越多的人参与了为图灵平反的线上请愿。2009 年 9 月 10 日，英国首相布朗(J. G. Brown，2007— 2010 英国首相)发表声明："我代表英国政府，代表所有因阿兰的努力而能自由生活的人们，说一声：你没有得到更好的对待，我们深感抱歉。"2013 年 12 月 24 日，英国司法部长宣布，当时的判决"不公，有歧视"，图灵已经获得英国女王伊丽莎白二世的赦免，"女王的赦免是对这位优秀人物的献礼"，并送达了女王的赦免状。英国首相卡梅伦(D. Cameron，2010—2016 英国首相)则表示说，图灵在破解二战德军密码、拯救国家上发挥了关键作用，是一个"了不起的人"。

正是：

啊，玫瑰献给萌发的青春，

月桂献给正当全盛的年岁。

但是，摘给我一枝常春藤——
因为我过早地枯萎。
啊，紫罗兰献在青年墓前，
月桂献给这些盛年夭亡者。
但是，请给我凋谢的叶瓣——
很久前我把它选择。

尾　　声

1958 年 11 月，一个晴朗的早上，伦敦信息产业部大楼的礼堂中座无虚席，英国计算机学会（BCS）和信息产业部共同召开新闻发布会，宣告著名的 ACE 计算机研制成功，这是当时世界上最先进的机种之一。

宣布开会后，作为主要发言人的厄特利博士的第一句话是：

“今天，图灵的梦想实现了！”

1965 年，美国计算机协会（Association for Computing Machinery，简称 ACM）决定设立一年一度的“图灵奖”，用以表彰全世界在计算机科学领域做出突出贡献的人，以此作为对这位计算机科学奠基人的纪念。从 1966 年开始颁奖。图灵奖对获奖条件要求极高，评奖程序又是极严，一般每年只奖励一名计算机科学家,只有极少数年度有两名合作者或同一方向做出贡献的科学家共享此奖。因此它是计算机界最负盛名、最崇高的一个奖项,有“计算机界的诺贝尔奖”之称。

每年,美国计算机协会将要求提名人推荐本年度的图灵奖候选人,并附加一份 200 到 500 字的文章,说明被提名者为什么应获此奖。任何人都可成为提名人。美国计算机协会将组成评选委员会,对被提名者进行严格的评审,并最终确定当年的获奖者。

奖金金额:设奖初期为 2 万美元,1989 年起增到 2 万 5 千美元,奖金通常由计算机界的一些大企业提供(通过与 ACM 鉴定协议)。目前图灵奖由英特尔公司和 Google 公司赞助,奖金为 100 万美元。

从 1966 年到 2016 年,51 届,共有 65 名图灵奖获得者。这是一个世界性的奖项。获奖者按国籍分,美国学者最多,瑞士、丹麦、荷兰、英国、印度、以色列、加拿大、挪威、委内瑞拉学者亦有获奖者,中国学者姚期智(Andrew Chi-Chih Yao,原旅美华人,祖籍湖北省孝感市孝昌县,世界著名计算机学家,美国科学院院士,美国科学与艺术学院院士,曾为中国科学院外籍院士,清华大学高等研究中心教授,香港中文大学博文讲座教授,2017 年加入中国国籍)获 2000 年图灵奖。

下表列出从 1966 年第一次颁奖直到 2016 年共 51 届 65 位图灵奖获得者和他们的获奖领域,让我们来了解一下由图灵开创的事业的现代发展情况,以此作为本书的结束吧。

图灵奖获得者(1966～2016)情况

年份	图灵奖获得者	国籍	获奖成果领域或获奖原因
1966	佩利(Alan J. Perlis,1922—1990)	美国	Algol 语言的定义和扩充,新一代编程技术和编译框架
1967	威尔克斯(Maurice V. Wilkes,1913—)	英国	设计出第一台具有内置存储程序的计算机
1968	汉明(Richard W. Hamming, 1915—1998)	美国	计算方法、自动编码系统、检测机纠正错码
1969	明斯基(Marvin Minsky,1927—)	美国	人工智能和机器人技术基础
1970	维尔金森(James H. Wilkinson, 1919—1986)	英国	利用数值分析方法来促进高速数字计算机的应用方面的研究

续表

年份	图灵奖获得者	国籍	获奖成果领域或获奖原因
1971	麦卡锡(John McCarthy,1927—)	美国	人工智能和 LISP 语言
1972	迪克斯彻(Edsger W. Dijkstra,1930—)	荷兰	编程语言(发明了 ALGOL 第二代编程语言)和结构化程序
1973	巴赫曼(Charles W. Bachman,1924—)	美国	网状数据库
1974	克努特(Donald E. Kunth,1938—)	美国	设计和完成 TEX(一种创新的具有很高排版质量的文档制作工具),写出计算机经典巨著《计算机程序设计的艺术》
1975	纽厄尔(Allen Newell,1927—1992) 西蒙(Herbert A. Simon,1916—2001)	美国	人工智能、人类心理识别和列表处理等
1976	拉宾(Michael O. Robin,1931—) 斯科特(Dana S. Scott,1932—)	以色列 英国	有限自动机与它们的决策问题 非决定优先状态自动机概念

续表

年份	图灵奖获得者	国籍	获奖成果领域或获奖原因
1977	巴克斯(John Backus,1924—2007)	美国	对可用的高级编程系统设计有深远和重大的影响——发明 FORTRAN 语言和 BNP 范式
1978	弗洛伊德(Robert W. Floyd,1936—)	美国	在软件编程的算法方面的深远影响,并开创了包括剖析理论、编程语言的语义、自动程序检验、自动程序合成和算法分析
1979	艾弗森(Kenneth E. Iverson,1920—)	加拿大	程序设计语言理论、互动式系统及 APL
1980	霍尔(C. Anthony R. hoare,1934—)	英国	程序设计语言公理化和设计 QUICKSORT 算法
1981	科德(Edgar F. Codd,1923—)	英国	数据库管理系统的理论和实践
1982	库克(Steven A. Cook,1939—)	美国	奠定了 NP - 完全性理论的基础
1983	汤普森(Ken Thompson,1943—) 里奇(Dennis M. Ritchie,1941—)	美国	通用操作系统理论 C 语言和 UNIX 操作系统

续表

年份	图灵奖获得者	国籍	获奖成果领域或获奖原因
1984	沃斯(Niklaus Wirth,1934—)	瑞士	开发了 EULER, ALGOL-W, MODULA 和 PASCAL 一系列崭新的计算语言,首创程序结构设计
1985	卡普(Richard M. Karp,1935—)	美国	发明分枝界限法
1986	霍普克罗夫特(John E. Hopcroft,1939—) 塔扬(Robert E. Tarjan,1948—)	美国	算法及数据结构的设计和分析
1987	科克(John Cocke,1925—)	美国	面向对象的编程语言和相关的编程技巧
1988	苏泽兰(Ivan E. Sutherland,1938—)	美国	计算机图形学
1989	卡亨(William V. Kahan,1933—)	加拿大	浮点计算
1990	考巴托(Fernando J. Corbato,1926—)	美国	大型多功能、可实现分时系统,如 CTSS 和 MULTICS

续表

年份	图灵获得主	国籍	获奖成果领域或获奖原因
1991	米尔纳（Robin Milner，1934—）	英国	可计算的函数逻辑（LCF），ML 和并行理论（CCS）
1992	兰普森（Butler Lampson，1943—）	美国	个人分布式计算机系统
1993	哈特马尼斯（Jurlis Hartmanis，1928—） 斯特恩斯（Richard E. Stearns，1934—）	拉脱维亚 美国	奠定了计算复杂性理论的基础
1994	瑞迪（Raj Reddy，1937—） 费根鲍姆（Edward Feigenbaum，1936—）	印度 美国	大型人工智能系统的开拓性研究
1995	布卢姆（Manuel Blum，1938—）	委内瑞拉	计算复杂性理论、密码学及程序校验
1996	伯努利（Amir Pnueli，1941—）	以色列	临时逻辑和程序及系统检验
1997	恩格尔巴特（Douglas Engelbart，1925—）	美国	发明鼠标、提出交互计算概念并创造出实现这一概念的重要技术
1998	格雷（James Gray，1944—）	美国	数据库和事务处理

续表

年份	图灵奖获得者	国籍	获奖成果领域或获奖原因
1999	布鲁克斯(Frederick P. Brooks, Jr., 1931—)	美国	对计算机体系结构和操作系统以及软件工程重大的贡献。IBM360的总设计师
2000	姚明智(Andrew Chi-Chih Yao, 1946—)	中国	计算理论方面——伪随机数的生成算法、加密算法和通讯复杂性
2001	达尔(Ole - Johan Dahl, 1926—) 奈加特(Kristen Nygaard, 1926—)	挪威	编程语言SIMULA Ⅰ和SIMULA 67的基础性想法,这些想法是面向对象技术的肇始
2002	李维斯特(Ronald L. Rivest, 1947—) 萨莫尔(Adi Shamir, 1952—) 阿德曼(Leonard M. Adleman, 1945—)	美国	创建国际上最具影响力的公钥密码算法“RSA”
2003	凯(Alan Kay, 1940—)	美国	第一个完全面向对象的动态计算机程序设计语言Smalltalk
2004	瑟夫(Vinton G. Cerf, 1943—) 卡恩(Robert E. Kahn, 1938—)	美国	设计和实现了互联网的基础通讯协议TCP/IP

续表

年份	图灵奖获得者	国籍	获奖成果领域或获奖原因
2005	诺尔（Peter Naur，1928—）	丹麦	设计 Algol 60 语言。由于其定义的清晰性，Algol 60 成为了许多现代程序设计语言的原型。在语法描述中广泛使用的 BNF 范式，其中的“N”便是来自 Peter Naur 的名字
2006	艾伦（Frances E. Allen，1922—） 第一位获图灵奖的女性	美国	编译器优化的理论和实践。她的工作奠定了现代优化编译器和自动并行化执行的基础
2007	克拉克（Edmund M. Clarke） 爱默生（Allen Emerson） 斯发基斯（Joseph Sifakis）	美国 美国 法国	开发自动化方法检验测计算机硬件和软件中的设计错误
2008	利斯科夫（Barbara Liskov） 第二位获奖女性	美国	编程语言和系统设计的实践与理论
2009	萨克尔（Charles Thacker）	美国	个人电脑和以太网领域

续表

年份	图灵获得主	国籍	获奖成果领域或获奖原因
2010	瓦伦特(Leslie Valiant)	英国	对众多计算机科学理论如分布式计算、机器学习、计算复杂性等所做的变革性的贡献
2011	伯尔(Judea Pearl)	以色列	通过概率论和因果推理对人工智能领域做出的根本性贡献
2012	戈德瓦塞尔(Shafi Goldwasser,女) 米卡利(Silvio Micali)	以色列 美国	开创了可证明安全性领域的先河,奠定了现代密码学理论的数学基础
2013	兰伯特(Leslie Lamport,1941—)	美国	在提升计算机系统的可靠性及稳定性领域的杰出贡献
2014	斯通布雷克(Michael Stonebraker)	美国	对现代数据库系统底层的概念与实践所做出的基础性贡献
2015	迪菲(Whitfield Diffie) 赫尔曼(Martin Hellman)	美国	创立非对称加密算法,提出公钥加密和数字签名的思想
2016	伯纳斯-李(Tim Berners-Lee)	英国	发明万维网。最先创建网页浏览器,最先利用网际网路实现HTTP客户端与服务器的通讯

从表上不难看出图灵开创的事业有了多么巨大的发展。最后,还应该指出这样几件事:

1969 年,美国的 R. J. 瓦丁格(Waldinger)在他的博士论文中提出了一个有关人工智能的独特思想,即借助证明来实现程序设计,引起人工智能界的很大兴趣。恰恰在这一年,图灵 1947 年的文章重新发表,如前文所述,这篇文章中已指出,可以把自动程序设计的问题转化为机器证明的问题。

1972 年,美国一家公司制成了一台具有特殊性能的电子计算机 B-1700,人们称之为"仿真系统",其核心是采用微程序控制,可以通过不同的微程序来模拟不同机器的硬件,因而可以直接使用其他机器的程序,而不必像一般计算机那样,只能靠程序系统的改变来执行别的机器的程序。图灵的 ACE 报告正好于 1972 年重新发表,人们惊异地发现,原来图灵已经提出了仿真系统的思想!

1981 年,《科学美国人》杂志第 11 期上刊登了美国杜克大学一位学者写的题为《蝴蝶和蛾类翅膀的彩色图像》的文章,对人们从 20 世纪 20 年代就开始研究的蝶类翅膀条纹的规律提出了新的见解。他认为，可以假定蝶蛾翅膀上的颜色取决于两种化学物质的浓度，其中一种物质是由几个叫作“眼”的特定点向四周成梯度扩散的，而另一种物质则是沿着一个或两个方向成梯度分布的，这样就很容易解释蝶蛾翅膀上的各种花纹。这种观点，与图灵的形态形成理论又何其相似！

从以上各点以及本书所述来看，图灵可以说是科学史上的一位十分罕见的具有非凡洞察力的奇才。他的创造性工作使他在生前就已名扬海外，他的预见性又使他在身后备受崇敬，当人们经过千辛万苦、努力拼搏才得出的结果被发现是图灵多年以前已经指出来的时候，除了惊异之外，不能不为这位奇才的英年早逝而倍加惋惜，否则，我们的科学研究也许会少走许多弯路！

正是：

学人之亡，风号雨泣。

抚今忆昔，倍加怀念。

创造成就，彪炳史册。

学者风范，永垂千古。

图灵年表

1912 年 6 月 23 日　生于英国伦敦

1918 年　上小学

1922—1926 年　入黑泽尔赫斯特(Hazelhurst)预科学校

1931 年　入剑桥大学国王学院(读数学系)

1935 年　当选为剑桥大学国王学院院士,在该学院任职。

发表论文:

1.《论高斯误差函数》(国王学院院士论文)

2.《左右殆周期性的等价》(伦敦数学会通报,1935(10):284)

1936 年 9 月　赴美国普林斯顿研究院访问

发表论文:

3.《可计算数及其在判定问题中的应用》(伦敦数学会通报,1936,2(42):230;1937,2(43):554)

1937 年　4.《可计算性与 λ - 可定义性》(符号逻辑杂志,1937(2):153)

5.《λ - n 换位的 p - 函数》(符号逻辑杂志,1937(2):164)

6.《文 3 的补正》(伦敦数学会通报,1937,2(43):44)

1938 年5 月　在美国普林斯顿研究院获博士学位

发表论文:

7.《对李群的有限逼近》(数学年刊,1938(39):105)

8.《一个群的扩张》(计算数学,1938(5):35)

6 月　回剑桥大学国王学院,恢复院士工作

9 月　外交部通信处工作

1939 年　发表论文:

9.《在序数基础上的逻辑系统》(博士学位论文,伦敦数学会通报,1939,2(45):161)

1942 年　发表论文:

10.《丘奇类型理论中的一个形式定理》(与纽曼合作,符号逻辑杂志,1942(7):28)

11.《在丘奇系统中用点作为括号》(符号逻辑杂志,1942(7):146)

1943 年　发表论文:

12.《正函数的一种计算方法》(伦敦数学会通报,1943,2(48):180)

1945 年夏　泰丁顿国家物理研究所,研制 ACE 机提交报告:

13.《关于自动电子计算机(ACE)的数学设计说明书》(NPL 报告书 E882,1972 年重印)

1947 年　休假一年,到剑桥大学国王学院

发表论文:

14.《智能机器,一种异教徒的理论》(图灵文集,1959)

1948 年　到曼彻斯特大学任高级讲师,研制 Madam 计算机

发表论文:

15.《矩阵方法的舍入误差》(力学和应用数学季刊,1948(1):287)

16.《类型论的实用形式》(符号逻辑杂志,1948(13):80)

1950 年　发表论文:

17.《满足消去律的半群的字的问题》

(数学年刊,普林斯顿,1950(2):491)
18.《计算机与智能》(精神,心理与哲学季刊,1950(59):433)
19.1956 年又以《机器能思维吗?》为论文题目收入《数学世界》一书

1951 年　当选为英国皇家学会会员

1952 年　辞去剑桥大学国王学院院士职位
发表论文:
20.《形态发生的化学基础》(皇家学会哲学学报,1952,B(237):37)

1953 年　发表论文:
21.《黎曼 ξ 函数的一些计算问题》(伦敦数学会通报,1953,3(137):99)
22.《数学计算机用于游戏:象棋》(比思维还快)

1954 年 6 月 7 日　因事故不幸去世
发表论文:
23.《可解与不可解的问题》(科学新闻,1954(31):7)
24.《形态发生的化学理论》(图灵评论,1956)

参考资料

[1] 萨·图林. 阿兰·图林[M]. 北京:商务印书馆,1978.

[2] 孙宏安. 世界著名数学家传记[M]. 北京:科学出版社,1994:1716 – 1727.

[3] 王雨田. 现代逻辑科学导引(上)[M]. 北京:中国人民大学出版社,1987.

[4] 王春芳等. 现代战争启示录[M]. 南京:江苏人民出版社,1990.

[5] 陈厚云等. 计算机发展简史[M]. 北京:科学出版社,1985.

[6] 李达顺等. 十大科学之谜[M]. 南宁:广西科技出版社,1997.

[7] 自然辩证法百科全书[M]. 北京:电子工业出版社,1994.

[8] 计算机百科全书[M]. 北京:电子工业出版社,1992.

[9] 黄炎.绝密战线[M].成都:四川人民出版社,1994.
[10] 霍夫曼.阿基米德的报复[M].北京:中国对外翻译公司,1994.
[11] 沈以淡等.电脑先驱者的足迹[M].石家庄:河北少儿出版社,1994.
[12] 卡恩.破译者[M].北京:群众出版社,1982.
[13] 杜瑞芝.数学史辞典新编[M].济南:山东教育出版社,2017.

刘培杰数学工作室
已出版(即将出版)图书目录——初等数学

书　名	出版时间	定　价	编号
新编中学数学解题方法全书(高中版)上卷	2007—09	38.00	7
新编中学数学解题方法全书(高中版)中卷	2007—09	48.00	8
新编中学数学解题方法全书(高中版)下卷(一)	2007—09	42.00	17
新编中学数学解题方法全书(高中版)下卷(二)	2007—09	38.00	18
新编中学数学解题方法全书(高中版)下卷(三)	2010—06	58.00	73
新编中学数学解题方法全书(初中版)上卷	2008—01	28.00	29
新编中学数学解题方法全书(初中版)中卷	2010—07	38.00	75
新编中学数学解题方法全书(高考复习卷)	2010—01	48.00	67
新编中学数学解题方法全书(高考真题卷)	2010—01	38.00	62
新编中学数学解题方法全书(高考精华卷)	2011—03	68.00	118
新编平面解析几何解题方法全书(专题讲座卷)	2010—01	18.00	61
新编中学数学解题方法全书(自主招生卷)	2013—08	88.00	261

数学奥林匹克与数学文化(第一辑)	2006—05	48.00	4
数学奥林匹克与数学文化(第二辑)(竞赛卷)	2008—01	48.00	19
数学奥林匹克与数学文化(第二辑)(文化卷)	2008—07	58.00	36′
数学奥林匹克与数学文化(第三辑)(竞赛卷)	2010—01	48.00	59
数学奥林匹克与数学文化(第四辑)(竞赛卷)	2011—08	58.00	87
数学奥林匹克与数学文化(第五辑)	2015—06	98.00	370

世界著名平面几何经典著作钩沉——几何作图专题卷(上)	2009—06	48.00	49
世界著名平面几何经典著作钩沉——几何作图专题卷(下)	2011—01	88.00	80
世界著名平面几何经典著作钩沉(民国平面几何老课本)	2011—03	38.00	113
世界著名平面几何经典著作钩沉(建国初期平面三角老课本)	2015—08	38.00	507
世界著名解析几何经典著作钩沉——平面解析几何卷	2014—01	38.00	264
世界著名数论经典著作钩沉(算术卷)	2012—01	28.00	125
世界著名数学经典著作钩沉——立体几何卷	2011—02	28.00	88
世界著名三角学经典著作钩沉(平面三角卷Ⅰ)	2010—06	28.00	69
世界著名三角学经典著作钩沉(平面三角卷Ⅱ)	2011—01	38.00	78
世界著名初等数论经典著作钩沉(理论和实用算术卷)	2011—07	38.00	126

发展你的空间想象力	2017—06	38.00	785
走向国际数学奥林匹克的平面几何试题诠释(上、下)(第1版)	2007—01	68.00	11,12
走向国际数学奥林匹克的平面几何试题诠释(上、下)(第2版)	2010—02	98.00	63,64
平面几何证明方法全书	2007—08	35.00	1
平面几何证明方法全书习题解答(第1版)	2005—10	18.00	2
平面几何证明方法全书习题解答(第2版)	2006—12	18.00	10
平面几何天天练上卷・基础篇(直线型)	2013—01	58.00	208
平面几何天天练中卷・基础篇(涉及圆)	2013—01	28.00	234
平面几何天天练下卷・提高篇	2013—01	58.00	237
平面几何专题研究	2013—07	98.00	258

刘培杰数学工作室
已出版(即将出版)图书目录——初等数学

书　　名	出版时间	定　价	编号
最新世界各国数学奥林匹克中的平面几何试题	2007—09	38.00	14
数学竞赛平面几何典型题及新颖解	2010—07	48.00	74
初等数学复习及研究(平面几何)	2008—09	58.00	38
初等数学复习及研究(立体几何)	2010—06	38.00	71
初等数学复习及研究(平面几何)习题解答	2009—01	48.00	42
几何学教程(平面几何卷)	2011—03	68.00	90
几何学教程(立体几何卷)	2011—07	68.00	130
几何变换与几何证题	2010—06	88.00	70
计算方法与几何证题	2011—06	28.00	129
立体几何技巧与方法	2014—04	88.00	293
几何瑰宝——平面几何 500 名题暨 1000 条定理(上、下)	2010—07	138.00	76,77
三角形的解法与应用	2012—07	18.00	183
近代的三角形几何学	2012—07	48.00	184
一般折线几何学	2015—08	48.00	503
三角形的五心	2009—06	28.00	51
三角形的六心及其应用	2015—10	68.00	542
三角形趣谈	2012—08	28.00	212
解三角形	2014—01	28.00	265
三角学专门教程	2014—09	28.00	387
图天下几何新题试卷.初中(第 2 版)	2017—11	58.00	855
圆锥曲线习题集(上册)	2013—06	68.00	255
圆锥曲线习题集(中册)	2015—01	78.00	434
圆锥曲线习题集(下册・第 1 卷)	2016—10	78.00	683
圆锥曲线习题集(下册・第 2 卷)	2018—01	98.00	853
论九点圆	2015—05	88.00	645
近代欧氏几何学	2012—03	48.00	162
罗巴切夫斯基几何学及几何基础概要	2012—07	28.00	188
罗巴切夫斯基几何学初步	2015—06	28.00	474
用三角、解析几何、复数、向量计算解数学竞赛几何题	2015—03	48.00	455
美国中学几何教程	2015—04	88.00	458
三线坐标与三角形特征点	2015—04	98.00	460
平面解析几何方法与研究(第 1 卷)	2015—05	18.00	471
平面解析几何方法与研究(第 2 卷)	2015—06	18.00	472
平面解析几何方法与研究(第 3 卷)	2015—07	18.00	473
解析几何研究	2015—01	38.00	425
解析几何学教程.上	2016—01	38.00	574
解析几何学教程.下	2016—01	38.00	575
几何学基础	2016—01	58.00	581
初等几何研究	2015—02	58.00	444
十九和二十世纪欧氏几何学中的片段	2017—01	58.00	696
平面几何中考.高考.奥数一本通	2017—07	28.00	820
几何学简史	2017—08	28.00	833
四面体	2018—01	48.00	880

刘培杰数学工作室
已出版(即将出版)图书目录——初等数学

书名	出版时间	定价	编号
俄罗斯平面几何问题集	2009—08	88.00	55
俄罗斯立体几何问题集	2014—03	58.00	283
俄罗斯几何大师——沙雷金论数学及其他	2014—01	48.00	271
来自俄罗斯的 5000 道几何习题及解答	2011—03	58.00	89
俄罗斯初等数学问题集	2012—05	38.00	177
俄罗斯函数问题集	2011—03	38.00	103
俄罗斯组合分析问题集	2011—01	48.00	79
俄罗斯初等数学万题选——三角卷	2012—11	38.00	222
俄罗斯初等数学万题选——代数卷	2013—08	68.00	225
俄罗斯初等数学万题选——几何卷	2014—01	68.00	226
463 个俄罗斯几何老问题	2012—01	28.00	152

谈谈素数	2011—03	18.00	91
平方和	2011—03	18.00	92
整数论	2011—05	38.00	120
从整数谈起	2015—10	28.00	538
数与多项式	2016—01	38.00	558
谈谈不定方程	2011—05	28.00	119

解析不等式新论	2009—06	68.00	48
建立不等式的方法	2011—03	98.00	104
数学奥林匹克不等式研究	2009—08	68.00	56
不等式研究(第二辑)	2012—02	68.00	153
不等式的秘密(第一卷)	2012—02	28.00	154
不等式的秘密(第一卷)(第 2 版)	2014—02	38.00	286
不等式的秘密(第二卷)	2014—01	38.00	268
初等不等式的证明方法	2010—06	38.00	123
初等不等式的证明方法(第二版)	2014—11	38.00	407
不等式·理论·方法(基础卷)	2015—07	38.00	496
不等式·理论·方法(经典不等式卷)	2015—07	38.00	497
不等式·理论·方法(特殊类型不等式卷)	2015—07	48.00	498
不等式探究	2016—03	38.00	582
不等式探秘	2017—01	88.00	689
四面体不等式	2017—01	68.00	715
数学奥林匹克中常见重要不等式	2017—09	38.00	845

同余理论	2012—05	38.00	163
[x]与{x}	2015—04	48.00	476
极值与最值. 上卷	2015—06	28.00	486
极值与最值. 中卷	2015—06	38.00	487
极值与最值. 下卷	2015—06	28.00	488
整数的性质	2012—11	38.00	192
完全平方数及其应用	2015—08	78.00	506
多项式理论	2015—10	88.00	541
奇数、偶数、奇偶分析法	2018—01	98.00	876

刘培杰数学工作室
已出版(即将出版)图书目录——初等数学

书　　名	出版时间	定　价	编号
历届美国中学生数学竞赛试题及解答(第一卷)1950－1954	2014－07	18.00	277
历届美国中学生数学竞赛试题及解答(第二卷)1955－1959	2014－04	18.00	278
历届美国中学生数学竞赛试题及解答(第三卷)1960－1964	2014－06	18.00	279
历届美国中学生数学竞赛试题及解答(第四卷)1965－1969	2014－04	28.00	280
历届美国中学生数学竞赛试题及解答(第五卷)1970－1972	2014－06	18.00	281
历届美国中学生数学竞赛试题及解答(第六卷)1973－1980	2017－07	18.00	768
历届美国中学生数学竞赛试题及解答(第七卷)1981－1986	2015－01	18.00	424
历届美国中学生数学竞赛试题及解答(第八卷)1987－1990	2017－05	18.00	769

历届 IMO 试题集(1959—2005)	2006－05	58.00	5
历届 CMO 试题集	2008－09	28.00	40
历届中国数学奥林匹克试题集(第 2 版)	2017－03	38.00	757
历届加拿大数学奥林匹克试题集	2012－08	38.00	215
历届美国数学奥林匹克试题集:多解推广加强	2012－08	38.00	209
历届美国数学奥林匹克试题集:多解推广加强(第 2 版)	2016－03	48.00	592
历届波兰数学竞赛试题集. 第 1 卷,1949～1963	2015－03	18.00	453
历届波兰数学竞赛试题集. 第 2 卷,1964～1976	2015－03	18.00	454
历届巴尔干数学奥林匹克试题集	2015－05	38.00	466
保加利亚数学奥林匹克	2014－10	38.00	393
圣彼得堡数学奥林匹克试题集	2015－01	38.00	429
匈牙利奥林匹克数学竞赛题解. 第 1 卷	2016－05	28.00	593
匈牙利奥林匹克数学竞赛题解. 第 2 卷	2016－05	28.00	594
历届美国数学邀请赛试题集(第 2 版)	2017－10	78.00	851
全国高中数学竞赛试题及解答. 第 1 卷	2014－07	38.00	331
普林斯顿大学数学竞赛	2016－06	38.00	669
亚太地区数学奥林匹克竞赛题	2015－07	18.00	492
日本历届(初级)广中杯数学竞赛试题及解答. 第 1 卷(2000～2007)	2016－05	28.00	641
日本历届(初级)广中杯数学竞赛试题及解答. 第 2 卷(2008～2015)	2016－05	38.00	642
360 个数学竞赛问题	2016－08	58.00	677
奥数最佳实战题. 上卷	2017－06	38.00	760
奥数最佳实战题. 下卷	2017－05	58.00	761
哈尔滨市早期中学数学竞赛试题汇编	2016－07	28.00	672
全国高中数学联赛试题及解答:1981—2015	2016－08	98.00	676
20 世纪 50 年代全国部分城市数学竞赛试题汇编	2017－07	28.00	797
高中数学竞赛培训教程:整除与同余以及不定方程	2018－01	88.00	869

高考数学临门一脚(含密押三套卷)(理科版)	2017－01	45.00	743
高考数学临门一脚(含密押三套卷)(文科版)	2017－01	45.00	744
新课标高考数学题型全归纳(文科版)	2015－05	72.00	467
新课标高考数学题型全归纳(理科版)	2015－05	82.00	468
洞穿高考数学解答题核心考点(理科版)	2015－11	49.80	550
洞穿高考数学解答题核心考点(文科版)	2015－11	46.80	551

刘培杰数学工作室
已出版(即将出版)图书目录——初等数学

书　　名	出版时间	定　价	编号
高考数学题型全归纳:文科版.上	2016－05	53.00	663
高考数学题型全归纳:文科版.下	2016－05	53.00	664
高考数学题型全归纳:理科版.上	2016－05	58.00	665
高考数学题型全归纳:理科版.下	2016－05	58.00	666
王连笑教你怎样学数学:高考选择题解题策略与客观题实用训练	2014－01	48.00	262
王连笑教你怎样学数学:高考数学高层次讲座	2015－02	48.00	432
高考数学的理论与实践	2009－08	38.00	53
高考数学核心题型解题方法与技巧	2010－01	28.00	86
高考思维新平台	2014－03	38.00	259
30 分钟拿下高考数学选择题、填空题(理科版)	2016－10	39.80	720
30 分钟拿下高考数学选择题、填空题(文科版)	2016－10	39.80	721
高考数学压轴题解题诀窍(上)(第 2 版)	2018－01	58.00	874
高考数学压轴题解题诀窍(下)(第 2 版)	2018－01	48.00	875
北京市五区文科数学三年高考模拟题详解:2013～2015	2015－08	48.00	500
北京市五区理科数学三年高考模拟题详解:2013～2015	2015－09	68.00	505
向量法巧解数学高考题	2009－08	28.00	54
高考数学万能解题法(第 2 版)	即将出版	38.00	691
高考物理万能解题法(第 2 版)	即将出版	38.00	692
高考化学万能解题法(第 2 版)	即将出版	28.00	693
高考生物万能解题法(第 2 版)	即将出版	28.00	694
高考数学解题金典(第 2 版)	2017－01	78.00	716
高考物理解题金典(第 2 版)	即将出版	68.00	717
高考化学解题金典(第 2 版)	即将出版	58.00	718
我一定要赚分:高中物理	2016－01	38.00	580
数学高考参考	2016－01	78.00	589
2011～2015 年全国及各省市高考数学文科精品试题审题要津与解法研究	2015－10	68.00	539
2011～2015 年全国及各省市高考数学理科精品试题审题要津与解法研究	2015－10	88.00	540
最新全国及各省市高考数学试卷解法研究及点拨评析	2009－02	38.00	41
2011 年全国及各省市高考数学试题审题要津与解法研究	2011－10	48.00	139
2013 年全国及各省市高考数学试题解析与点评	2014－01	48.00	282
全国及各省市高考数学试题审题要津与解法研究	2015－02	48.00	450
新课标高考数学——五年试题分章详解(2007～2011)(上、下)	2011－10	78.00	140,141
全国中考数学压轴题审题要津与解法研究	2013－04	78.00	248
新编全国及各省市中考数学压轴题审题要津与解法研究	2014－05	58.00	342
全国及各省市 5 年中考数学压轴题审题要津与解法研究(2015 版)	2015－04	58.00	462
中考数学专题总复习	2007－04	28.00	6
中考数学较难题、难题常考题型解题方法与技巧.上	2016－01	48.00	584
中考数学较难题、难题常考题型解题方法与技巧.下	2016－01	58.00	585
中考数学较难题常考题型解题方法与技巧	2016－09	48.00	681
中考数学难题常考题型解题方法与技巧	2016－09	48.00	682

刘培杰数学工作室
已出版(即将出版)图书目录——初等数学

书　　名	出版时间	定　价	编号
中考数学选择填空压轴好题妙解 365	2017－05	38.00	759
中考数学小压轴汇编初讲	2017－07	48.00	788
中考数学大压轴专题微言	2017－09	48.00	846
北京中考数学压轴题解题方法突破(第 3 版)	2017－11	48.00	854
助你高考成功的数学解题智慧:知识是智慧的基础	2016－01	58.00	596
助你高考成功的数学解题智慧:错误是智慧的试金石	2016－04	58.00	643
助你高考成功的数学解题智慧:方法是智慧的推手	2016－04	68.00	657
高考数学奇思妙解	2016－04	38.00	610
高考数学解题策略	2016－05	48.00	670
数学解题泄天机(第 2 版)	2017－10	48.00	850
高考物理压轴题全解	2017－04	48.00	746
高中物理经典问题 25 讲	2017－05	28.00	764
高中物理教学讲义	2018－01	48.00	871
2016 年高考文科数学真题研究	2017－04	58.00	754
2016 年高考理科数学真题研究	2017－04	78.00	755
初中数学、高中数学脱节知识补缺教材	2017－06	48.00	766
高考数学小题抢分必练	2017－10	48.00	834
高考数学核心素养解读	2017－09	38.00	839
高考数学客观题解题方法和技巧	2017－10	38.00	847
十年高考数学精品试题审题要津与解法研究. 上卷	2018－01	68.00	872
十年高考数学精品试题审题要津与解法研究. 下卷	2018－01	58.00	873
中国历届高考数学试题及解答. 1949－1979	2018－01	38.00	877

新编 640 个世界著名数学智力趣题	2014－01	88.00	242
500 个最新世界著名数学智力趣题	2008－06	48.00	3
400 个最新世界著名数学最值问题	2008－09	48.00	36
500 个世界著名数学征解问题	2009－06	48.00	52
400 个中国最佳初等数学征解老问题	2010－01	48.00	60
500 个俄罗斯数学经典老题	2011－01	28.00	81
1000 个国外中学物理好题	2012－04	48.00	174
300 个日本高考数学题	2012－05	38.00	142
700 个早期日本高考数学试题	2017－02	88.00	752
500 个前苏联早期高考数学试题及解答	2012－05	28.00	185
546 个早期俄罗斯大学生数学竞赛题	2014－03	38.00	285
548 个来自美苏的数学好问题	2014－11	28.00	396
20 所苏联著名大学早期入学试题	2015－02	18.00	452
161 道德国工科大学生必做的微分方程习题	2015－05	28.00	469
500 个德国工科大学生必做的高数习题	2015－06	28.00	478
360 个数学竞赛问题	2016－08	58.00	677
德国讲义日本考题. 微积分卷	2015－04	48.00	456
德国讲义日本考题. 微分方程卷	2015－04	38.00	457
二十世纪中叶中、英、美、日、法、俄高考数学试题精选	2017－06	38.00	783

刘培杰数学工作室
已出版(即将出版)图书目录——初等数学

书　　名	出版时间	定　价	编号
中国初等数学研究　2009 卷(第 1 辑)	2009—05	20.00	45
中国初等数学研究　2010 卷(第 2 辑)	2010—05	30.00	68
中国初等数学研究　2011 卷(第 3 辑)	2011—07	60.00	127
中国初等数学研究　2012 卷(第 4 辑)	2012—07	48.00	190
中国初等数学研究　2014 卷(第 5 辑)	2014—02	48.00	288
中国初等数学研究　2015 卷(第 6 辑)	2015—06	68.00	493
中国初等数学研究　2016 卷(第 7 辑)	2016—04	68.00	609
中国初等数学研究　2017 卷(第 8 辑)	2017—01	98.00	712

几何变换(Ⅰ)	2014—07	28.00	353
几何变换(Ⅱ)	2015—06	28.00	354
几何变换(Ⅲ)	2015—01	38.00	355
几何变换(Ⅳ)	2015—12	38.00	356

初等数论难题集(第一卷)	2009—05	68.00	44
初等数论难题集(第二卷)(上、下)	2011—02	128.00	82,83
数论概貌	2011—03	18.00	93
代数数论(第二版)	2013—08	58.00	94
代数多项式	2014—06	38.00	289
初等数论的知识与问题	2011—02	28.00	95
超越数论基础	2011—03	28.00	96
数论初等教程	2011—03	28.00	97
数论基础	2011—03	18.00	98
数论基础与维诺格拉多夫	2014—03	18.00	292
解析数论基础	2012—08	28.00	216
解析数论基础(第二版)	2014—01	48.00	287
解析数论问题集(第二版)(原版引进)	2014—05	88.00	343
解析数论问题集(第二版)(中译本)	2016—04	88.00	607
解析数论基础(潘承洞,潘承彪著)	2016—07	98.00	673
解析数论导引	2016—07	58.00	674
数论入门	2011—03	38.00	99
代数数论入门	2015—03	38.00	448
数论开篇	2012—07	28.00	194
解析数论引论	2011—03	48.00	100
Barban Davenport Halberstam 均值和	2009—01	40.00	33
基础数论	2011—03	28.00	101
初等数论 100 例	2011—05	18.00	122
初等数论经典例题	2012—07	18.00	204
最新世界各国数学奥林匹克中的初等数论试题(上、下)	2012—01	138.00	144,145
初等数论(Ⅰ)	2012—01	18.00	156
初等数论(Ⅱ)	2012—01	18.00	157
初等数论(Ⅲ)	2012—01	28.00	158

刘培杰数学工作室
已出版(即将出版)图书目录——初等数学

书　　名	出版时间	定　价	编号
平面几何与数论中未解决的新老问题	2013－01	68.00	229
代数数论简史	2014－11	28.00	408
代数数论	2015－09	88.00	532
代数、数论及分析习题集	2016－11	98.00	695
数论导引提要及习题解答	2016－01	48.00	559
素数定理的初等证明.第2版	2016－09	48.00	686
数论中的模函数与狄利克雷级数(第二版)	2017－11	78.00	837
数论:数学导引	2018－01	68.00	849
数学眼光透视(第2版)	2017－06	78.00	732
数学思想领悟(第2版)	2018－01	68.00	733
数学应用展观(第2版)	2017－08	68.00	737
数学建模导引	2008－01	28.00	23
数学方法溯源	2008－01	38.00	27
数学史话览胜(第2版)	2017－01	48.00	736
数学思维技术	2013－09	38.00	260
数学解题引论	2017－05	48.00	735
数学竞赛采风	2018－01	68.00	739
从毕达哥拉斯到怀尔斯	2007－10	48.00	9
从迪利克雷到维斯卡尔迪	2008－01	48.00	21
从哥德巴赫到陈景润	2008－05	98.00	35
从庞加莱到佩雷尔曼	2011－08	138.00	136
博弈论精粹	2008－03	58.00	30
博弈论精粹.第二版(精装)	2015－01	88.00	461
数学 我爱你	2008－01	28.00	20
精神的圣徒　别样的人生——60位中国数学家成长的历程	2008－09	48.00	39
数学史概论	2009－06	78.00	50
数学史概论(精装)	2013－03	158.00	272
数学史选讲	2016－01	48.00	544
斐波那契数列	2010－02	28.00	65
数学拼盘和斐波那契魔方	2010－07	38.00	72
斐波那契数列欣赏	2011－01	28.00	160
数学的创造	2011－02	48.00	85
数学美与创造力	2016－01	48.00	595
数海拾贝	2016－01	48.00	590
数学中的美	2011－02	38.00	84
数论中的美学	2014－12	38.00	351

刘培杰数学工作室
已出版(即将出版)图书目录——初等数学

书 名	出版时间	定 价	编号
数学王者 科学巨人——高斯	2015—01	28.00	428
振兴祖国数学的圆梦之旅:中国初等数学研究史话	2015—06	98.00	490
二十世纪中国数学史料研究	2015—10	48.00	536
数字谜、数阵图与棋盘覆盖	2016—01	58.00	298
时间的形状	2016—01	38.00	556
数学发现的艺术:数学探索中的合情推理	2016—07	58.00	671
活跃在数学中的参数	2016—07	48.00	675
数学解题——靠数学思想给力(上)	2011—07	38.00	131
数学解题——靠数学思想给力(中)	2011—07	48.00	132
数学解题——靠数学思想给力(下)	2011—07	38.00	133
我怎样解题	2013—01	48.00	227
数学解题中的物理方法	2011—06	28.00	114
数学解题的特殊方法	2011—06	48.00	115
中学数学计算技巧	2012—01	48.00	116
中学数学证明方法	2012—01	58.00	117
数学趣题巧解	2012—03	28.00	128
高中数学教学通鉴	2015—05	58.00	479
和高中生漫谈:数学与哲学的故事	2014—08	28.00	369
算术问题集	2017—03	38.00	789
自主招生考试中的参数方程问题	2015—01	28.00	435
自主招生考试中的极坐标问题	2015—04	28.00	463
近年全国重点大学自主招生数学试题全解及研究.华约卷	2015—02	38.00	441
近年全国重点大学自主招生数学试题全解及研究.北约卷	2016—05	38.00	619
自主招生数学解证宝典	2015—09	48.00	535
格点和面积	2012—07	18.00	191
射影几何趣谈	2012—04	28.00	175
斯潘纳尔引理——从一道加拿大数学奥林匹克试题谈起	2014—01	28.00	228
李普希兹条件——从几道近年高考数学试题谈起	2012—10	18.00	221
拉格朗日中值定理——从一道北京高考试题的解法谈起	2015—10	18.00	197
闵科夫斯基定理——从一道清华大学自主招生试题谈起	2014—01	28.00	198
哈尔测度——从一道冬令营试题的背景谈起	2012—08	28.00	202
切比雪夫逼近问题——从一道中国台北数学奥林匹克试题谈起	2013—04	38.00	238
伯恩斯坦多项式与贝齐尔曲面——从一道全国高中数学联赛试题谈起	2013—03	38.00	236
卡塔兰猜想——从一道普特南竞赛试题谈起	2013—06	18.00	256
麦卡锡函数和阿克曼函数——从一道前南斯拉夫数学奥林匹克试题谈起	2012—08	18.00	201
贝蒂定理与拉姆贝克莫斯尔定理——从一个拣石子游戏谈起	2012—08	18.00	217
皮亚诺曲线和豪斯道夫分球定理——从无限集谈起	2012—08	18.00	211
平面凸图形与凸多面体	2012—10	28.00	218
斯坦因豪斯问题——从一道二十五省市自治区中学数学竞赛试题谈起	2012—07	18.00	196

刘培杰数学工作室
已出版(即将出版)图书目录——初等数学

书　　名	出版时间	定　价	编号
纽结理论中的亚历山大多项式与琼斯多项式——从一道北京市高一数学竞赛试题谈起	2012-07	28.00	195
原则与策略——从波利亚"解题表"谈起	2013-04	38.00	244
转化与化归——从三大尺规作图不能问题谈起	2012-08	28.00	214
代数几何中的贝祖定理(第一版)——从一道 IMO 试题的解法谈起	2013-08	18.00	193
成功连贯理论与约当块理论——从一道比利时数学竞赛试题谈起	2012-04	18.00	180
素数判定与大数分解	2014-08	18.00	199
置换多项式及其应用	2012-10	18.00	220
椭圆函数与模函数——从一道美国加州大学洛杉矶分校(UCLA)博士资格考题谈起	2012-10	28.00	219
差分方程的拉格朗日方法——从一道 2011 年全国高考理科试题的解法谈起	2012-08	28.00	200
力学在几何中的一些应用	2013-01	38.00	240
高斯散度定理、斯托克斯定理和平面格林定理——从一道国际大学生数学竞赛试题谈起	即将出版		
康托洛维奇不等式——从一道全国高中联赛试题谈起	2013-03	28.00	337
西格尔引理——从一道第 18 届 IMO 试题的解法谈起	即将出版		
罗斯定理——从一道前苏联数学竞赛试题谈起	即将出版		
拉克斯定理和阿廷定理——从一道 IMO 试题的解法谈起	2014-01	58.00	246
毕卡大定理——从一道美国大学数学竞赛试题谈起	2014-07	18.00	350
贝齐尔曲线——从一道全国高中联赛试题谈起	即将出版		
拉格朗日乘子定理——从一道 2005 年全国高中联赛试题的高等数学解法谈起	2015-05	28.00	480
雅可比定理——从一道日本数学奥林匹克试题谈起	2013-04	48.00	249
李天岩-约克定理——从一道波兰数学竞赛试题谈起	2014-06	28.00	349
整系数多项式因式分解的一般方法——从克朗耐克算法谈起	即将出版		
布劳维不动点定理——从一道前苏联数学奥林匹克试题谈起	2014-01	38.00	273
伯恩赛德定理——从一道英国数学奥林匹克试题谈起	即将出版		
布查特-莫斯特定理——从一道上海市初中竞赛试题谈起	即将出版		
数论中的同余数问题——从一道普特南竞赛试题谈起	即将出版		
范·德蒙行列式——从一道美国数学奥林匹克试题谈起	即将出版		
中国剩余定理:总数法构建中国历史年表	2015-01	28.00	430
牛顿程序与方程求根——从一道全国高考试题解法谈起	即将出版		
库默尔定理——从一道 IMO 预选试题谈起	即将出版		
卢丁定理——从一道冬令营试题的解法谈起	即将出版		
沃斯滕霍姆定理——从一道 IMO 预选试题谈起	即将出版		
卡尔松不等式——从一道莫斯科数学奥林匹克试题谈起	即将出版		
信息论中的香农熵——从一道近年高考压轴题谈起	即将出版		
约当不等式——从一道希望杯竞赛试题谈起	即将出版		
拉比诺维奇定理	即将出版		
刘维尔定理——从一道《美国数学月刊》征解问题的解法谈起	即将出版		
卡塔兰恒等式与级数求和——从一道 IMO 试题的解法谈起	即将出版		
勒让德猜想与素数分布——从一道爱尔兰竞赛试题谈起	即将出版		
天平称重与信息论——从一道基辅市数学奥林匹克试题谈起	即将出版		
哈密尔顿-凯莱定理:从一道高中数学联赛试题的解法谈起	2014-09	18.00	376
艾思特曼定理——从一道 CMO 试题的解法谈起	即将出版		

刘培杰数学工作室
已出版(即将出版)图书目录——初等数学

书名	出版时间	定价	编号
一个爱尔特希问题——从一道西德数学奥林匹克试题谈起	即将出版		
有限群中的爱丁格尔问题——从一道北京市初中二年级数学竞赛试题谈起	即将出版		
贝克码与编码理论——从一道全国高中联赛试题谈起	即将出版		
帕斯卡三角形	2014－03	18.00	294
蒲丰投针问题——从2009年清华大学的一道自主招生试题谈起	2014－01	38.00	295
斯图姆定理——从一道"华约"自主招生试题的解法谈起	2014－01	18.00	296
许瓦兹引理——从一道加利福尼亚大学伯克利分校数学系博士生试题谈起	2014－08	18.00	297
拉姆塞定理——从王诗宬院士的一个问题谈起	2016－04	48.00	299
坐标法	2013－12	28.00	332
数论三角形	2014－04	38.00	341
毕克定理	2014－07	18.00	352
数林掠影	2014－09	48.00	389
我们周围的概率	2014－10	38.00	390
凸函数最值定理:从一道华约自主招生题的解法谈起	2014－10	28.00	391
易学与数学奥林匹克	2014－10	38.00	392
生物数学趣谈	2015－01	18.00	409
反演	2015－01	28.00	420
因式分解与圆锥曲线	2015－01	18.00	426
轨迹	2015－01	28.00	427
面积原理:从常庚哲命的一道CMO试题的积分解法谈起	2015－01	48.00	431
形形色色的不动点定理:从一道28届IMO试题谈起	2015－01	38.00	439
柯西函数方程:从一道上海交大自主招生的试题谈起	2015－02	28.00	440
三角恒等式	2015－02	28.00	442
无理性判定:从一道2014年"北约"自主招生试题谈起	2015－01	38.00	443
数学归纳法	2015－03	18.00	451
极端原理与解题	2015－04	28.00	464
法雷级数	2014－08	18.00	367
摆线族	2015－01	38.00	438
函数方程及其解法	2015－05	38.00	470
含参数的方程和不等式	2012－09	28.00	213
希尔伯特第十问题	2016－01	38.00	543
无穷小量的求和	2016－01	28.00	545
切比雪夫多项式:从一道清华大学金秋营试题谈起	2016－01	38.00	583
泽肯多夫定理	2016－03	38.00	599
代数等式证题法	2016－01	28.00	600
三角等式证题法	2016－01	28.00	601
吴大任教授藏书中的一个因式分解公式:从一道美国数学邀请赛试题的解法谈起	2016－06	28.00	656
易卦——类万物的数学模型	2017－08	68.00	838
"不可思议"的数与数系可持续发展	2018－01	38.00	878
最短线	2018－01	38.00	879

幻方和魔方(第一卷)	2012－05	68.00	173
尘封的经典——初等数学经典文献选读(第一卷)	2012－07	48.00	205
尘封的经典——初等数学经典文献选读(第二卷)	2012－07	38.00	206

初级方程式论	2011－03	28.00	106
初等数学研究(Ⅰ)	2008－09	68.00	37
初等数学研究(Ⅱ)(上、下)	2009－05	118.00	46,47

刘培杰数学工作室
已出版(即将出版)图书目录——初等数学

书　　名	出版时间	定　价	编号
趣味初等方程妙题集锦	2014－09	48.00	388
趣味初等数论选美与欣赏	2015－02	48.00	445
耕读笔记(上卷):一位农民数学爱好者的初数探索	2015－04	28.00	459
耕读笔记(中卷):一位农民数学爱好者的初数探索	2015－05	28.00	483
耕读笔记(下卷):一位农民数学爱好者的初数探索	2015－05	28.00	484
几何不等式研究与欣赏.上卷	2016－01	88.00	547
几何不等式研究与欣赏.下卷	2016－01	48.00	552
初等数列研究与欣赏·上	2016－01	48.00	570
初等数列研究与欣赏·下	2016－01	48.00	571
趣味初等函数研究与欣赏.上	2016－09	48.00	684
趣味初等函数研究与欣赏.下	即将出版		685

火柴游戏	2016－05	38.00	612
智力解谜.第1卷	2017－07	38.00	613
智力解谜.第2卷	2017－07	38.00	614
故事智力	2016－07	48.00	615
名人们喜欢的智力问题	即将出版		616
数学大师的发现、创造与失误	2018－01	48.00	617
异曲同工	即将出版		618
数学的味道	2018－01	58.00	798

数贝偶拾——高考数学题研究	2014－04	28.00	274
数贝偶拾——初等数学研究	2014－04	38.00	275
数贝偶拾——奥数题研究	2014－04	48.00	276

钱昌本教你快乐学数学(上)	2011－12	48.00	155
钱昌本教你快乐学数学(下)	2012－03	58.00	171

集合、函数与方程	2014－01	28.00	300
数列与不等式	2014－01	38.00	301
三角与平面向量	2014－01	28.00	302
平面解析几何	2014－01	38.00	303
立体几何与组合	2014－01	28.00	304
极限与导数、数学归纳法	2014－01	38.00	305
趣味数学	2014－03	28.00	306
教材教法	2014－04	68.00	307
自主招生	2014－05	58.00	308
高考压轴题(上)	2015－01	48.00	309
高考压轴题(下)	2014－10	68.00	310

从费马到怀尔斯——费马大定理的历史	2013－10	198.00	Ⅰ
从庞加莱到佩雷尔曼——庞加莱猜想的历史	2013－10	298.00	Ⅱ
从切比雪夫到爱尔特希(上)——素数定理的初等证明	2013－07	48.00	Ⅲ
从切比雪夫到爱尔特希(下)——素数定理100年	2012－12	98.00	Ⅲ
从高斯到盖尔方特——二次域的高斯猜想	2013－10	198.00	Ⅳ
从库默尔到朗兰兹——朗兰兹猜想的历史	2014－01	98.00	Ⅴ
从比勃巴赫到德布朗斯——比勃巴赫猜想的历史	2014－02	298.00	Ⅵ
从麦比乌斯到陈省身——麦比乌斯变换与麦比乌斯带	2014－02	298.00	Ⅶ
从布尔到豪斯道夫——布尔方程与格论漫谈	2013－10	198.00	Ⅷ
从开普勒到阿诺德——三体问题的历史	2014－05	298.00	Ⅸ
从华林到华罗庚——华林问题的历史	2013－10	298.00	Ⅹ

刘培杰数学工作室
已出版(即将出版)图书目录——初等数学

书　　名	出版时间	定　价	编号
美国高中数学竞赛五十讲.第1卷(英文)	2014-08	28.00	357
美国高中数学竞赛五十讲.第2卷(英文)	2014-08	28.00	358
美国高中数学竞赛五十讲.第3卷(英文)	2014-09	28.00	359
美国高中数学竞赛五十讲.第4卷(英文)	2014-09	28.00	360
美国高中数学竞赛五十讲.第5卷(英文)	2014-10	28.00	361
美国高中数学竞赛五十讲.第6卷(英文)	2014-11	28.00	362
美国高中数学竞赛五十讲.第7卷(英文)	2014-12	28.00	363
美国高中数学竞赛五十讲.第8卷(英文)	2015-01	28.00	364
美国高中数学竞赛五十讲.第9卷(英文)	2015-01	28.00	365
美国高中数学竞赛五十讲.第10卷(英文)	2015-02	38.00	366

三角函数	2014-01	38.00	311
不等式	2014-01	38.00	312
数列	2014-01	38.00	313
方程	2014-01	28.00	314
排列和组合	2014-01	28.00	315
极限与导数	2014-01	28.00	316
向量	2014-09	38.00	317
复数及其应用	2014-08	28.00	318
函数	2014-01	38.00	319
集合	即将出版		320
直线与平面	2014-01	28.00	321
立体几何	2014-04	28.00	322
解三角形	即将出版		323
直线与圆	2014-01	28.00	324
圆锥曲线	2014-01	38.00	325
解题通法(一)	2014-07	38.00	326
解题通法(二)	2014-07	38.00	327
解题通法(三)	2014-05	38.00	328
概率与统计	2014-01	28.00	329
信息迁移与算法	即将出版		330

IMO 50年.第1卷(1959-1963)	2014-11	28.00	377
IMO 50年.第2卷(1964-1968)	2014-11	28.00	378
IMO 50年.第3卷(1969-1973)	2014-09	28.00	379
IMO 50年.第4卷(1974-1978)	2016-04	38.00	380
IMO 50年.第5卷(1979-1984)	2015-04	38.00	381
IMO 50年.第6卷(1985-1989)	2015-04	58.00	382
IMO 50年.第7卷(1990-1994)	2016-01	48.00	383
IMO 50年.第8卷(1995-1999)	2016-06	38.00	384
IMO 50年.第9卷(2000-2004)	2015-04	58.00	385
IMO 50年.第10卷(2005-2009)	2016-01	48.00	386
IMO 50年.第11卷(2010-2015)	2017-03	48.00	646

刘培杰数学工作室
已出版(即将出版)图书目录——初等数学

书　　名	出版时间	定　价	编号
方程(第2版)	2017-04	38.00	624
三角函数(第2版)	2017-04	38.00	626
向量(第2版)	即将出版		627
立体几何(第2版)	2016-04	38.00	629
直线与圆(第2版)	2016-11	38.00	631
圆锥曲线(第2版)	2016-09	48.00	632
极限与导数(第2版)	2016-04	38.00	635
历届美国大学生数学竞赛试题集.第一卷(1938—1949)	2015-01	28.00	397
历届美国大学生数学竞赛试题集.第二卷(1950—1959)	2015-01	28.00	398
历届美国大学生数学竞赛试题集.第三卷(1960—1969)	2015-01	28.00	399
历届美国大学生数学竞赛试题集.第四卷(1970—1979)	2015-01	18.00	400
历届美国大学生数学竞赛试题集.第五卷(1980—1989)	2015-01	28.00	401
历届美国大学生数学竞赛试题集.第六卷(1990—1999)	2015-01	28.00	402
历届美国大学生数学竞赛试题集.第七卷(2000—2009)	2015-08	18.00	403
历届美国大学生数学竞赛试题集.第八卷(2010—2012)	2015-01	18.00	404
新课标高考数学创新题解题诀窍:总论	2014-09	28.00	372
新课标高考数学创新题解题诀窍:必修1~5分册	2014-08	38.00	373
新课标高考数学创新题解题诀窍:选修2-1,2-2,1-1,1-2分册	2014-09	38.00	374
新课标高考数学创新题解题诀窍:选修2-3,4-4,4-5分册	2014-09	18.00	375
全国重点大学自主招生英文数学试题全攻略:词汇卷	2015-07	48.00	410
全国重点大学自主招生英文数学试题全攻略:概念卷	2015-01	28.00	411
全国重点大学自主招生英文数学试题全攻略:文章选读卷(上)	2016-09	38.00	412
全国重点大学自主招生英文数学试题全攻略:文章选读卷(下)	2017-01	58.00	413
全国重点大学自主招生英文数学试题全攻略:试题卷	2015-07	38.00	414
全国重点大学自主招生英文数学试题全攻略:名著欣赏卷	2017-03	48.00	415
劳埃德数学趣题大全.题目卷.1:英文	2016-01	18.00	516
劳埃德数学趣题大全.题目卷.2:英文	2016-01	18.00	517
劳埃德数学趣题大全.题目卷.3:英文	2016-01	18.00	518
劳埃德数学趣题大全.题目卷.4:英文	2016-01	18.00	519
劳埃德数学趣题大全.题目卷.5:英文	2016-01	18.00	520
劳埃德数学趣题大全.答案卷:英文	2016-01	18.00	521
李成章教练奥数笔记.第1卷	2016-01	48.00	522
李成章教练奥数笔记.第2卷	2016-01	48.00	523
李成章教练奥数笔记.第3卷	2016-01	38.00	524
李成章教练奥数笔记.第4卷	2016-01	38.00	525
李成章教练奥数笔记.第5卷	2016-01	38.00	526
李成章教练奥数笔记.第6卷	2016-01	38.00	527
李成章教练奥数笔记.第7卷	2016-01	38.00	528
李成章教练奥数笔记.第8卷	2016-01	48.00	529
李成章教练奥数笔记.第9卷	2016-01	28.00	530

刘培杰数学工作室
已出版(即将出版)图书目录——初等数学

书　　名	出版时间	定　价	编号
第19~23届"希望杯"全国数学邀请赛试题审题要津详细评注(初一版)	2014-03	28.00	333
第19~23届"希望杯"全国数学邀请赛试题审题要津详细评注(初二、初三版)	2014-03	38.00	334
第19~23届"希望杯"全国数学邀请赛试题审题要津详细评注(高一版)	2014-03	28.00	335
第19~23届"希望杯"全国数学邀请赛试题审题要津详细评注(高二版)	2014-03	38.00	336
第19~25届"希望杯"全国数学邀请赛试题审题要津详细评注(初一版)	2015-01	38.00	416
第19~25届"希望杯"全国数学邀请赛试题审题要津详细评注(初二、初三版)	2015-01	58.00	417
第19~25届"希望杯"全国数学邀请赛试题审题要津详细评注(高一版)	2015-01	48.00	418
第19~25届"希望杯"全国数学邀请赛试题审题要津详细评注(高二版)	2015-01	48.00	419
物理奥林匹克竞赛大题典——力学卷	2014-11	48.00	405
物理奥林匹克竞赛大题典——热学卷	2014-04	28.00	339
物理奥林匹克竞赛大题典——电磁学卷	2015-07	48.00	406
物理奥林匹克竞赛大题典——光学与近代物理卷	2014-06	28.00	345
历届中国东南地区数学奥林匹克试题集(2004~2012)	2014-06	18.00	346
历届中国西部地区数学奥林匹克试题集(2001~2012)	2014-07	18.00	347
历届中国女子数学奥林匹克试题集(2002~2012)	2014-08	18.00	348
数学奥林匹克在中国	2014-06	98.00	344
数学奥林匹克问题集	2014-01	38.00	267
数学奥林匹克不等式散论	2010-06	38.00	124
数学奥林匹克不等式欣赏	2011-09	38.00	138
数学奥林匹克超级题库(初中卷上)	2010-01	58.00	66
数学奥林匹克不等式证明方法和技巧(上、下)	2011-08	158.00	134,135
他们学什么:原民主德国中学数学课本	2016-09	38.00	658
他们学什么:英国中学数学课本	2016-09	38.00	659
他们学什么:法国中学数学课本.1	2016-09	38.00	660
他们学什么:法国中学数学课本.2	2016-09	28.00	661
他们学什么:法国中学数学课本.3	2016-09	38.00	662
他们学什么:苏联中学数学课本	2016-09	28.00	679
高中数学题典——集合与简易逻辑·函数	2016-07	48.00	647
高中数学题典——导数	2016-07	48.00	648
高中数学题典——三角函数·平面向量	2016-07	48.00	649
高中数学题典——数列	2016-07	58.00	650
高中数学题典——不等式·推理与证明	2016-07	38.00	651
高中数学题典——立体几何	2016-07	48.00	652
高中数学题典——平面解析几何	2016-07	78.00	653
高中数学题典——计数原理·统计·概率·复数	2016-07	48.00	654
高中数学题典——算法·平面几何·初等数论·组合数学·其他	2016-07	68.00	655

刘培杰数学工作室
已出版(即将出版)图书目录——初等数学

书　　名	出版时间	定　价	编号
台湾地区奥林匹克数学竞赛试题．小学一年级	2017—03	38.00	722
台湾地区奥林匹克数学竞赛试题．小学二年级	2017—03	38.00	723
台湾地区奥林匹克数学竞赛试题．小学三年级	2017—03	38.00	724
台湾地区奥林匹克数学竞赛试题．小学四年级	2017—03	38.00	725
台湾地区奥林匹克数学竞赛试题．小学五年级	2017—03	38.00	726
台湾地区奥林匹克数学竞赛试题．小学六年级	2017—03	38.00	727
台湾地区奥林匹克数学竞赛试题．初中一年级	2017—03	38.00	728
台湾地区奥林匹克数学竞赛试题．初中二年级	2017—03	38.00	729
台湾地区奥林匹克数学竞赛试题．初中三年级	2017—03	28.00	730
不等式证题法	2017—04	28.00	747
平面几何培优教程	即将出版		748
奥数鼎级培优教程．高一分册	即将出版		749
奥数鼎级培优教程．高二分册	即将出版		750
高中数学竞赛冲刺宝典	即将出版		751
初中尖子生数学超级题典．实数	2017—07	58.00	792
初中尖子生数学超级题典．式、方程与不等式	2017—08	58.00	793
初中尖子生数学超级题典．圆、面积	2017—08	38.00	794
初中尖子生数学超级题典．函数、逻辑推理	2017—08	48.00	795
初中尖子生数学超级题典．角、线段、三角形与多边形	2017—07	58.00	796
数学王子——高斯	2018—01	48.00	858
坎坷奇星——阿贝尔	2018—01	48.00	859
闪烁奇星——伽罗瓦	2018—01	58.00	860
无穷统帅——康托尔	2018—01	48.00	861
科学公主——柯瓦列夫斯卡娅	2018—01	48.00	862
抽象代数之母——埃米·诺特	2018—01	48.00	863
电脑先驱——图灵	2018—01	58.00	864
昔日神童——维纳	2018—01	48.00	865
数坛怪侠——爱尔特希	2018—01	68.00	866

联系地址：哈尔滨市南岗区复华四道街 10 号　哈尔滨工业大学出版社刘培杰数学工作室
网　　址：http://lpj.hit.edu.cn/
邮　　编：150006
联系电话：0451－86281378　　13904613167
E-mail：lpj1378@163.com